리더십과
임파워먼트 연구

리더십과
임파워먼트 연구

고성돈 지음

한국학술정보(주)

'인간은 사회적 동물'이라고 아리스토텔레스가 말한 것처럼, 우리는 집단을 만들고 조직의 구성원으로서 일상생활을 영위해 간다. 조직은 일정한 목적을 가지고 있으며, 이 목적을 달성하기 위해 내부적으로 지위나 역할의 분화와 구조를 이룬다. 여러 사람이 모여 있는 조직이 능률적으로 관리 운영되기 위해서는 리더십이 매우 중요하다. 리더십도 역사의 변천과 더불어 변화되어 왔다. 전통적 사회에서의 권위적 리더십은 정치·경제·사회·문화의 제도적 변화 속에서 민주적 리더십으로 바뀌어 가고 있다.

리더십과 관련하여 '자율경영'이란 말을 주위에서 흔히 듣는다. 자율경영이란, 말 그대로 조직의 최고책임자가 모든 일을 결정하던 것을 구성원들 스스로 맡은 분야의 업무를 책임지고 수행하는 방식의 경영이다. 자율경영은 의사결정이 신속하다는 점 이외에도 많은 장점이 있다. 현장 전문가가 스스로 판단해서 일할 수 있도록 여건을 조성해 줌으로써 상급자의 일반적인 관리 방식에 따른 거부감을 줄일 수 있고, 상급자가 모르고 있는 현장의 전문성을 최대한 살릴 수 있다.

임파워먼트 자율경영은 지시·통제하는 방식으로 조직을 운영할 때보다 더 어렵다고들 말한다. 기존의 사고방식을 바꿔야 하고, 새로운 체제를 위한 능력을 배양하기가 어렵기 때문이다. 따라서 역설적인 얘기지만 자율경영은 더 많은 리더십을 요구한다. 과거의 수동적·획일적인 조직문화를 자율적·창의적인 모습으로 바꾸는 것, 이를 위해 스스로의 모습을 바꾸는 것, 이것이 시대가 요구하는 새로운 리더십이다. 경영이란 '사람을 활용해 조직의 비전을 달성하는 일'이라 하지 않는가. 제도를 인간의 욕구에 맞도록 만들고 자율적인 분위기를 만들어주는 일이 무엇보다 중요하다.

그리고 리더십과 관련하여 조직을 처음 맡는 관리자나 조직생활을 처음 해보는 구성원들이 쉽게 빠지곤 하는 함정이 하나 있는데, '권한위임'에 대한 잘못된 인식이 그것이다. 권한위임이라고 하면 흔히 '믿고 맡기는 것'이라고 생각한다. 관리자도 일을 맡긴 다음에 결과를 가져올 때까지 기다리고, 구성원들도 관리자의 간섭을 받지 않고 보고할 필요 없이 자신들만의 판단으로 일을 처리하는 것을 권한위임이라고 생각한다. 그러나 이것은 엄청나게 잘못된 생각이다. 믿고 맡긴다는 명목하에 그냥 내버려두는 것은 방임에 지나지 않는다. 관리자가 권한위임이라는 명목하에 모든 일을 구성원들에게 맡기고 내버려두었다가 문제가 생겼을 때에야 질책하는 것은 올바른 태도가 아니다.

마찬가지로 구성원들도 관리자가 도중에 일의 진행을 파악하는 것을 자신을 못 믿기 때문이라고 생각하여 섭섭해하는 것은 옳지 않은 일이다. '권한위임'이란 관리자가 구성원들을 믿고 일을 맡기는 동시에, 일의 진행 상황을 파악하면서 적절한 때에 필요한 도움을 주는 것이다.

부족한 책을 출판하면서 부끄러움이 앞서지만 리더십을 연구하는 선후배나, 이에 관심을 가진 많은 분들에게 조금이라도 도움이 되었으면 더할 나위 없으며, 부족한 부분에 대해서는 많은 질책과 지도편달을 바란다. 또한 어려운 경제여건에도 불구하고 본서의 출판을 위해 애써 주신 한국학술정보(주) 임직원 제위께도 감사를 드리는 바이다.

2008년 가을
고성돈

Contents

제3장

연구의 설계_95

제1장
서 론

제1절 연구의 목적

인류의 역사와 더불어 인간은 어떤 형태든 조직을 이루고 살아왔으며, 그 조직은 리더에 의해 이끌어지고 있다. 따라서 한 조직의 성패를 좌우하는 많은 요인들 중에 리더십만큼 영향력이 큰 요인도 없을 것이다. 더욱이 오늘날 예측을 불허하는 급격한 환경변화 속에서 조직을 존속·발전시킬 수 있는 것은 조직구성원과 리더의 적절한 상호관계가 형성되고 있기 때문이라고 할 수 있다. 따라서 리더가 복잡한 조직 환경 속에서 리더십에 영향을 미치는 수많은 요소들을 고려하여 가장 효율적인 행동을 선택할 때 효과적인 리더십을 발휘할 수 있다. 그것은 다름 아닌 조직구성원의 특성에 맞는 리더십을 발휘하는 것이 핵심변수인 것이다.

이처럼 많은 관심을 끌고 있는 리더십에 관한 연구는 여타의 사회과학 분야와 비교할 수 없을 정도로 많은 지식과 이론이 축적되어 있다. 그럼에도 불구하고 아직까지 리더십에 대한 통일된 이론이 없다는 것이 많은 학자들의 공통된 견해이다.

우리나라의 상황도 이와 비슷하여 리더십에 대한 연구의욕은 대단히

높다. 그러나 우리 실정에 적합한 현실적응력이 있는 리더십 이론의 제시는 그렇게 많지 않다. 요즘처럼 급변하는 사회 환경은 리더십 유형과 조직성과에 대한 새로운 설명을 할 수 있는 리더십 이론의 전개를 요구하고 있으며 특히, 변화의 속도가 다른 어떤 조직보다 빠르고 생존경쟁이 치열한 호텔기업의 경우에는 더욱 절실하다.

한편, 기업은 저마다 급변하는 기업 환경하에서 경쟁력 제고를 위해 여러 가지 혁신의 노력을 기울이고 있다. 이에 부응하여 구성원들의 주도성, 혁신성, 창의성 배양, 능력 신장, 조직유효성 증진 등을 위한 하나의 개념으로 임파워먼트[1]가 제시되고 있다.

미국의 경우 사회, 정치 분야에서는 물론 경영학에 이르기까지 임파워먼트에 대한 관심과 연구가 이루어지고 있으며, 또한 실질적으로 임파워먼트를 시킬 수 있는 방법과 과정을 모색해 주는 서적들도 출판되고 있다. 그러나 우리나라의 경우 임파워먼트에 대해 아직까지도 생소하게 느끼고 있으며, 다만 일부 기업의 조직개발이나 최고경영자 육성과정 중에서 임파워먼트가 소개되고 있을 뿐이다.

우리나라의 경우 이제 더 이상 물질적 인센티브 요인만으로 근로자들의 사기를 앙양시킬 수 없고, 그렇다고 선진국과 경쟁할 기술이 풍족한 것도 아니며, 더욱이 중요한 것은 임금상승으로 인하여 더 이상 가격경쟁력의 혜택을 받지 못하는 상황하에 놓여 있다는 사실이다. 오늘날 급변하는 환경하에서 번영할 수 있는 조직을 건설할 수 있느냐 없느냐는 구성원들의 태도에 달려 있다. 따라서 현 시점에서는 그동안 축적해 놓은 기술과 경험을 바탕으로 인적자원을 어떻게 활용하느냐가 난관에 대처해 나갈 수 있는 중요한 열쇠 중의 하나가 될 수 있을 것이다.

---

1) 임파워먼트(empowerment)를 우리말로 옮기면 권능위양, 권능확대, 개인역량강화, 자율성부여, 권한부여 등으로 다양하게 해석하고 있으나, 우리말로 임파워먼트의 내용을 의미 있게 전달하기에는 무척 한계가 있어 임파워먼트라는 용어를 그대로 사용하도록 한다.

이러한 의미에서 볼 때 임파워먼트는 기업의 성장과 발전을 위한 하나의 돌파구가 될 수도 있을 것이다. 이와 관련하여 최근에는 임파워먼트가 조직몰입에 영향을 미친다는 연구들이 진행되고 있다.

그러나 임파워먼트가 최근에 연구되기 시작하였기 때문에 이론적 체계가 아직 정리되지 않았으며, 더욱이 임파워먼트에 대한 이론들을 뒷받침할 만한 실증적 연구도 부족한 상태이다. 특히 우리나라에서는 일부 학자들을 제외하고는 임파워먼트가 생소한 부분이어서 그것을 적용하는 데 적잖은 혼동을 겪고 있는 것 또한 사실이다.

본 연구는 변혁적 리더십, 임파워먼트 그리고 조직몰입에 대한 제 연구를 체계적으로 정리하고, 호텔 조직의 경우 변혁적 리더십이 구성원의 임파워먼트, 나아가서 조직몰입에 어떠한 영향을 미치는지를 실증적으로 연구하는 데 그 목적이 있으며, 본 연구의 학문적 그리고 사회적 효과는 기업의 경영자, 학자, 학생 그리고 여러 형태의 조직리더와 구성원들에게 변혁적 리더십과 임파워먼트 그리고 조직몰입의 관계를 이해하는 데 도움이 될 수 있는 지식들을 제공하는 데 있다.

제2절 연구의 범위와 방법

본 연구에서는 앞서 제시한 연구의 목적을 달성하기 위하여 문헌연구와 실증연구를 병행하였다.

먼저 문헌연구에 있어서는, 변혁적 리더십, 임파워먼트, 조직몰입의 개념을 살펴보고, 그 개념을 중심으로 선행연구들의 성과와 한계를 체계적으로 검토한다. 또한 변혁적 리더십이 구성원의 임파워먼트, 조직몰입과는 어떤 관계가 있는지 분석해 보고자 한다. 실증연구는 설문지를 이용한 조사방법을 활용하였으며, 설문은 이미 선행연구자에 의해 개발된 내용을 토대로 본 연구에서 연구하고자 하는 방향에 맞게 재구성하였다. 변혁적 리더십은 Bass(1988)의 MLQ항목을, 임파워먼트는 Fiedler(1993)과 Spreitzer(1995)이 개발한 항목을 활용하였다. 조직몰입은 Meyer와 Allen(1990)의 측정도구를 이용하여 한국의 근로자를 대상으로 측정한 Ko, Price and Mueller(1997)의 조직몰입 문항을 활용하였다. 리더십은 카리스마형 리더십, 개별 고려형 리더십, 지적 자극형 리더십으로 구성하였으며, 임파워먼트는 과업 의미성, 역할 수행 능력, 자기 결정력으로 구성하였다. 조직몰입은 정서적 몰입과 유지적 몰입으로 구성하였다.

연구방법은 이론적 연구를 바탕으로 연구모형과 가설을 설정하고 이용하여 자료를 수집한 다음 통계적인 방법에 따라 자료를 분석하였다. 본 연구의 실증분석을 위하여 변혁적 리더십, 임파워먼트, 조직몰입 등은 복합항목(composite scale)을 이용하여 변수를 측정하는 방법을 채택하였으며, 이들 항목들은 모두 리커트(Likert)의 7점 척도가 이용되었다. 또한 조절변수로 활용된 연령, 학력, 근속연수와 기타 인구통계적 변수는 명목척도가 이용되었다.

측정방법은 복합항목과 관련된 변수는 설문내용에 대한 신뢰도를 검증하기 위한 방법으로 크론바하알파(Cronbach's alpha)계수를 계산했으며, 여러 변수들 중 가장 관련성이 깊은 개념을 살펴보기 위한 타당성 검증 방법으로 요인분석을 실시하였다. 또한 연구모형 전체적인 인과관계 및 가설검증을 위해서는 공분산구조분석을 실시하였고, 연령, 학력, 근속연수의 조절효과를 검증하기 위해 위계적 회귀분석(hierarchical multiple regression analysis)을 실시하였다.

자료의 통계처리를 위해서는 AMOS(Ver. 4.0)과 SPSS PC+(Ver. 7.5) 통계패키지를 활용하였다.

제3절 연구의 구성

본 연구는 모두 다섯 개의 장으로 구성되어 있다.

제1장은 서론으로서 연구의 목적, 연구의 범위 및 방법 그리고 연구의 구성에 대해 설명하였다.

제2장은 이론적 배경으로서 변혁적 리더십, 임파워먼트, 조직몰입에 대해 이론적으로 고찰하는 한편, 기존 연구에 대한 검토로 변혁적 리더십과 조직몰입, 변혁적 리더십과 임파워먼트, 임파워먼트와 조직몰입과의 관계에 관하여 살펴보았다.

제3장은 연구의 설계로서 이론적 배경을 기초로 하여 본 연구의 목적에 맞는 연구모형의 설계, 가설의 설정, 표본 특성 및 측정방법 그리고 변수들을 조작적으로 정의하였다.

제4장은 실증분석을 통하여 측정도구에 대한 신뢰성과 타당성을 검증하고, 본 연구에서 설정된 가설을 검증한 후에 검증결과에 대하여 논하였다.

제5장은 결론 부분으로서 연구에 대한 요약 및 논의, 연구의 의의 및 시사점, 연구의 한계와 앞으로의 연구방향을 제시하였다.

제2장

이론적 배경

제1절 리더십에 대한 이론적 고찰

1. 리더십의 개념

리더는 말보다 행동으로 가르친다. 많은 것을 알려주지만 일을 방해하진 않는다. 촉매처럼 반드시 필요하지만 그 자리에 없는 듯하다. 공로는 다른 사람에게 돌리지만 신뢰가 떠나지 않는다. 사람들은 리더의 존재를 의식하지 못하고 일하지만 사람들은 리더로 인해 일이 성사됐음을 알고 있고 그래서 함께 기뻐한다. 이처럼 훌륭한 리더는 화학반응의 촉매와 같이 평범한 사람들로부터 뛰어난 성과를 이끌어낸다.

리더십(leadership)이라는 용어는 사람마다 사용하는 의미에서 상당한 차이가 있다. 어떤 용어를 과학 분야의 한 현상을 기술하는 공통어로 사용하고자 할 때에 흔히 그러하듯이, 이 용어도 재정의(redefined)되어 있지 않아 여러 가지 의미의 모호성을 야기한다.2) 더욱이 같은 현상을 기술하는 데도 권력, 권한, 관리, 경영, 통제, 감독과 같은 여러 가지

---

2) K. F. Janda, "Towards the Explication of the Concept of Leadership in Terms of the Concept of Power", *Human Relations,* 1960, pp.345－363.

부정확한 용어들을 분별없이 사용함으로써 혼동이 가중되어 왔다. Bennis는 리더십 관계 문헌들을 연구검토한 후, "리더십 개념의 모호성과 복잡성이 우리가 리더십을 이해하는 것을 어렵게 또는 그르치게 만드는 것 같다. ……우리는 리더십을 다루는 데 수없이 많은 용어들을 개발해 왔고…… 그러나 아직도 그 개념은 충분히 정의되어 있지 않다"고 결론지었다.[3]

학자들은 항상 리더십을 그들의 개인적 조망에 의해서 그들에게 가장 흥미 있는 현상의 측면만을 정의하는 경우가 많다. Stogdill은 리더십 문헌들을 포괄적으로 검토한 후, 리더십의 정의가 리더십 연구에 관여한 사람의 수만큼 많다는 결론을 내렸다.[4] 리더십은 개인적 특성(trait), 행동, 타인에 대한 영향력, 상호작용 형태, 역할 관계, 한 관리 직책의 점유 및 영향력의 합법성에 관한 타인들의 지각 등에 의하여 정의되어 왔다. 몇 개의 대표적 정의들을 간추리면 <표 Ⅱ-1>과 같다.

〈표 Ⅱ-1〉 리더십의 정의들

저 자:	리더십의 정의
Webster 사전	• 어떤 과정에 있어 안내하고 방향을 제시함, 하나의 통로(channel)로서의 역할을 수행함.
Bass(1990)	• 상황이나 집단 구성원들의 인식과 기대를 구조화 또는 재구조화하기 위해서 구성원들 간에 교류하는 과정임. (따라서 리더란 변화의 주도자이다)
Herry and Blanchard(1982)	• 주어진 상황에서 개인이나 집단의 목표 달성을 위한 활동에 영향을 미치는 과정.

---

3) W. G. Bennis, "Leadership theory and administrative behavior: The problem of authority", *Administrative Science Quarterly*, Vol.4, 1959, pp.259-260.
4) R. M. Stogdill, *Handbook of leadership: A Survey of Theory and Research*, New York, Free Press, 1974, p.259.

저 자:	리더십의 정의
Yukl(1998)	• 집단이나 조직의 한 구성원이 사건의 해석, 목표나 전략의 선택, 작업활동의 조직화, 목표성취를 위한 구성원 동기부여, 협력적 관계의 유지, 구성원들의 기술과 자신감의 계발, 외부인의 지지와 협력의 확보 등에 영향을 미치는 과정.
Nanus(1992)	• 꿈(비전)의 제시를 통하여 추종자들의 자발적 몰입을 유인하고 그들에게 활력을 줌으로써 조직을 혁신하여 보다 큰 잠재력을 갖는 새로운 조직 형태로 변형시키는 과정임.
Kochan and DeCotiis(1975)	• 상사가 부하의 행동을 변화시킬 수 있는 영향력의 행사 과정이며, 부하가 상사의 영향력을 합법적으로 받아들이면서 자기의 목표와 일치된다고 믿을 때 가장 효과적으로 발휘되는 영향력.
Katz and Kahn(1978)	• 기계적으로 조직의 일상적 명령을 수행하는 것 이상의 결과를 가져올 수 있게 하는 영향력.
Jago(1982)	• 강제성을 띠지 않는 영향력 행사 과정으로 구성원들에게 방향을 제시하고 활동을 조정하는 것, 성공적으로 영향력을 행사하는 사람들이 갖는 특성들.
Lord and Maher (1993)	• 리더십이란 특정 개인이 다른 사람들에 의해서 리더라고 인정받는(또는 지각되는) 과정. 일정한 직위를 가지고 있기 때문에 리더가 되는 것이 아니라 다른 사람들로부터 리더라고 인정받는 것이 중요함.
Bryman(1986)	• 리더십은 어떤 사람이 공식적으로 리더의 직위에 임명되었을 때 발생한다.

자료: 백기복, 「이슈리더십」, 창민사, 2000, p.58에서 재정리

<표 Ⅱ-1>에 나타난 정의들을 살펴보면, 몇 가지 공통된 사항들을 발견하게 된다. 즉 영향을 미치는 과정 또는 특성, 집단이나 조직목표의 달성, 구성원의 행동, 자발적 몰입, 변화의 추구 등이 그것들이다. 특히, 최근 들어서는 '변화'와 조직 전체에 더 많은 초점이 맞춰지고 있다는 점이 주목할 만하다. 이는 변혁적 리더십, 카리스마적 리더십, 비전 리더십 등 변화를 주제로 하는 리더십 이론들의 출현과 무관하지 않다고 본다.[5]

영어에서 리더십이란 용어가 사용되기 시작한 것은 비교적 최근의 일이다. 리더라는 용어도 기원을 더듬어 보면 A.D. 1300년경까지 거슬러 올라갈 수 있으나, 본격적으로 사용되기 시작한 것은 겨우 200여 년 전에 불과하다.[6] 리더십에 관한 대부분의 개념들에는, 하나 또는 그 이상이 집단 구성원들이 '부하들' 또는 '추종자들'이라고 불리는 사람들로부터 어떤 관찰 가능한 차이에 의해 리더로 확인될 수 있다는 사실이 함축되어 있다. 그리고 리더십 정의들은 항상 둘 또는 그 이상의 사람들 사이의 상호작용이 포함되는 하나의 집단현상이라는 가정을 공통분모로 갖는다.[7] 부가적으로, 대부분의 리더십 정의는 리더가 부하들에게 의도적으로 행사하는 영향력 과정이 있다는 가정을 내포하고 있다. 지금까지 제안되어 온 많은 리더십의 정의들은 영향력 행사의 주체가 누구며, 영향력 행사의 목적은 무엇이고, 영향력 행사방법은 어떤 것인가 등의 면에서 여러 가지 중요한 차이를 보이고 있다.

리더십에 대한 정의가 변화와 혁신에 초점이 맞춰지기 시작하면서, 리더와 관리자의 차이가 커다란 관심을 끌기 시작하였다. 리더십의 개념을 어떻게 보느냐에 따라 관리자가 바로 리더라고 볼 수도 있고 반면에 리더와 관리자는 다르다고 생각할 수도 있는데 조직행동에서 보는 리더십 관점을 따른다면 관리자와 리더는 엄연하게 다르다. 관리자는 '관리'를 하는 사람으로서 조직이 의무적으로 완수해야 할 일들이 잘 이루어지도록 조직구성원들에게 작업을 배분하고 그들과 작업을 잘 연결시키는 등 통제, 명령, 지도, 책임할당 등의 기능을 수행하는 사람인 반면에 리더라 함은 조직구성원들이 무슨 일을 하도록 주선만 해 주며 방향제시와 충고나 인도를 잘하여 스스로 일을 하게끔 하는 사람

---

5) 송병식・고성돈, "변혁적 리더십이 구성원의 임파워먼트와 조직유효성에 미치는 영향에 관한 실증적 연구", 「대한경영학회지」, 제23호, 대한경영학회, 2000, pp.415-439.
6) R. M. Stogdill, op. cit., p.259.
7) K. F. Janda, op. cit. pp.345-363.

이다. 다시 말해서 관리자가 과거지향적으로 이미 주어진 일이 완성되도록 관리하는 역할을 한다면 리더는 미래지향적으로 무엇을 해야 할 것인가를 정해 주고 구성원들 스스로 해 나가도록 자극하고 인도해 주는 역할을 한다고 볼 수 있다.[8]

어떤 사람을 리더로 보아야 하는가에 대한, 다양한 개념들을 간추린 내용이 <표 Ⅱ-2>에 요약되어 있다.

〈표 Ⅱ-2〉 리더에 관한 여러 가지 개념

광의의 개념	협의의 개념
1. 집단구성원들에게 영향을 주는 인물 (배분적 리더십: distributed leadership)	1. 집단의 다른 구성원들에게 가장 큰 영향력을 행사하는 인물(집중적 리더십: focused leadership)
2. 어떤 방법으로든 집단구성원들에게 영향을 주는 인물	2. 집단 목표를 달성하도록 집단구성원들의 행동에 체계적으로 영향을 주는 인물
3. 집단구성원들이 원하든 원하지 않든 그의 요구에 따르도록 영향을 주는 인물	3. 그의 요구를 실행해 나감에 있어서 집단구성원들의 열성적 참여를 획득하는 인물

자료: G. A. Yukl, "*Leadership in Organizations*", 3rd ed., Englewood Clifss. N. J., Prentice Hall, 1994, p.14.

2. 리더십 이론의 발달

조직체란 두 사람 이상이 모여 공동목표를 달성하고자 하는 유기체이며, 이러한 조직의 목표달성에 공헌하기 위해서는 조직구성원들의 협동심을 최대한 발휘할 수 있는 효과적인 리더십이 필요하다.[9] 또한 홀

---

8) 임창희, 「조직행동」, 학현사, 1999, pp.412-413.
9) 박내회, 「현대 리더쉽론」, 법문사, 1996, p.19.

류한 리더십은 기업이나 정부, 기타 수없이 많은 집단이나 조직의 성공에 필수 불가결한 요소이다. 리더십이란 용어는 그 사용하는 사람이 어떤 환경하에서 활용하느냐에 따라서 그 의미가 다르게 나타날 수 있는데, 특히 리더십 연구과정에서 권력, 권한, 관리, 통제 및 감독 등의 어휘를 리더십과 함께 혼용하여 표현하는 경우가 많아 용어의 정확성을 기하는 데 더욱더 혼란을 주기도 한다.[10] 이러한 상황을 Stogdill은 "리더십을 정의하는 데 있어서 연구하는 학자들의 수만큼이나 그 정의도 다양하다."[11]고 결론을 내리고 있다. 리더십에 의미는 매우 다양하지만[12] 본 연구에서는 최근 많은 관심을 받고 있는 Bass의 견해, 즉 리더십은 추종자들의 믿음, 충성심 그리고 존경을 받는 행동을 통해 그들의 가치관과 욕구수준에 변화를 가져옴으로써 그들이 자발적으로 조직의 목표달성에 효과적으로 기여하도록 하는 것[13]이라는 변혁적 리더십 이론을 중심으로 연구를 진행하기로 한다. 지금까지 리더십 연구는 그 개념의 중요성, 복잡성, 다차원성, 사회정서적 현상에서 연구자마다 나름대로 다양하게 이루어져 왔는데 1940년부터 1970년대 후반까지 리더십 연구의 주류를 형성해 온 리더십 이론의 발전 과정을 살펴보면 <표 Ⅱ-3>과 같다.

---

10) 상게서, p.19.
11) R. M. Stogdill, *op. cit.*, p.7.
12) 박내회, 전게서, p.21.
13) B. M. Bass, *Leadership and Performance Beyond Expectations,* New York, Free Press, 1985, p.20.

<표 Ⅱ-3> 리더십 이론의 변화 과정

기 간	변화내용	리더십 이론
1940년대 후반 이전	성공적인 리더의 지능, 성격 및 신체적 특성	특성이론
1940년대 후반~ 1960년대 초반	행동이론적 접근으로, 효율적인 리더의 행동유형	행동이론
1960년대 후반~ 1980년대 초반	효율적 리더십에 작용하는 환경적 상황요소	상황이론, 시스템적 접근
1980년대 초반 이후	새로운 흐름의 리더십으로 카리스마, 변혁적, 비전적 리더십을 들 수 있다.	leader-follower의 관계 특성

자료: 1) 박내회, 「조직행동론」, 1995, 박영사, p.272.
      2) G. A. Yukl, "*Leadership in Organizations*", 3rd ed., Englewood Clifss. N. J., Prentice Hall, 1994, pp.17-22.

1980년 초반까지 연구된 리더십은 주로 리더십의 행동유형을 독재적 (autocratic) 대 민주적(democratic)인 접근으로, 의사결정 차원에서는 지시적(directive) 대 참여적(participative)인 접근으로, 리더행위 차원에서는 구조주도(initiation) 대 고려(consideration), 과업지향(task-oriented) 대 관계지향적(relation-oriented)인 접근 등으로 이분화하여 연구되어 왔음을 알 수 있다. 그러나 이러한 리더십 연구는 리더십의 단면만을 분석하고 있다. 따라서 리더가 얼마만큼의 자질을 가지고 있어야 하는가 또는 행동 차원에서 가장 중요시되는 것은 무엇인가 그리고 리더십 상황에 적용되는 포괄적인 리더의 범주 등은 리더의 유효성을 설명하는데 미흡한 점을 내포하고 있다. 1980년대 이전의 리더십이 갖고 있는 한계점을 몇 가지 살펴보면, 조직 내의 리더와 하위자의 관계를 리더는 하위자를 통제하고 감독하며, 하위자는 리더의 통제나 감독에 순종하는 관계로 암묵적 가정을 했던 경향이 있어 상사와 하위자의 관계는 감정이 배제된 합리적이고 무미건조한 관계로 이루어졌다고 할 수 있다. 또한 전통적 리더십 이론은 변화를 주도하기보다는 현상유지와 관련된 리더십에 치중해 왔음을 알 수 있다. 즉 리더가 변화를 효과적으로 이끌기 위해서는 집단 또는 조직이 궁극적으로 지향해야 할 바람직한 비전을 창출하고 그것을 부하들에게 올바로 전달하여 조직몰입, 구성원의 임파워먼트(empowerment)를 이루게 하는 것임에도 불구하고 이에 대한 논의는 이전의 리더십 이론들에서는 상대적으로 부족하였다.[14]

본 연구에서는 최근 많은 관심을 받고 있는 Bass의 견해 — 리더십은 추종자들의 믿음, 충성심 그리고 존경을 받는 행동을 통해 그들의 가치관과 욕구수준에 변화를 가져옴으로써 그들이 자발적으로 조직의 목표 달성에 효과적으로 기여하도록 하는 것이라는 변혁적 리더십 이론 — 을 중심으로 연구를 전개하기로 한다.

3. 변혁적 리더십 이론

1) 변혁적 리더십의 개념적 특성

지금까지 언급한 리더십 이론의 다양한 접근방법들은 거의 통합되지 않은 채 한 단면만을 보여 주고 있다.[15] 특성이론의 경우 리더가 얼마만큼의 특정 자질을 가지고 있어야 한다는 것을 제시하지 못하고 있으며 행동이론의 경우, 리더십 행동 중 어떤 측면이 가장 중요한지의 여부가 상황에 따라 달라지는 한계를 보이고 있다. 상황이론 역시 리더행동의 범주가 너무 개괄적이며 상황변수를 너무 단순화시킴으로써 리더의 유효성을 설명하는 데 미흡하다고 할 수 있다. 이와 같이 각 이론

---

14) 권상술 "상사의 변혁적 리더십과 거래적 리더십이 조직구성원의 태도 및 지각에 미치는 영향", 서강대학교 대학원 박사학위논문, 1996, p.14.
15) J. P. Howell, D. E. Bowen, P. W. Dorfman, S. Kerr and P. M. Podsakoff, "Substitutes for Leadership: Effective Alternatives to Ineffective Leadership", *Organizational Dynamics*, Summer 1990, pp.21−22.

들이 통합보다는 한 가지 단면에 관심을 집중시키고 있는 실정이다.

따라서 리더십 이론에 관한 전통적 연구의 기본적인 틀은 리더십 성과를 제고시키기 위한 리더와 부하의 계약적인 거래관계로 특징지을 수 있다.[16] 그러나 이러한 거래요소만 가지고서는 부하의 자발적인 문제해결 능력이나 창의성의 증진 등과 같은 부하들의 고차적인 질적인 변화를 이끌어 내기에는 부족한 면이 존재하였다.

부하 구성원들의 질적인 변화를 추구하기 위해 새로운 리더십 패러다임으로 Burns(1978)에 의해 변혁적 리더십 이론이 제기되었다. Burns는 처음으로 거래에 중점적으로 관심을 둠으로써 부하들의 현재욕구를 만족시키려고 시도하는 거래적 리더와 부하들의 욕구를 끌어 올리고 개인, 집단, 조직의 성과를 극적으로 향상시키려고 시도하는 변혁적 리더 사이의 구별을 구체화하였다.[17] 종업원이 제공한 서비스에 대한 대가로 보상을 해 주는 거래적 교환은 얼마만큼의 노력이 종업원으로부터 나올 것인지, 종업원이 협상에 어느 정도 만족하는지 그리고 종업원들이 얼마나 효과적으로 조직목표에 도달할 것인지에 초점을 두고 있다. 그에 따르면,[18] 변혁적 리더들은 자신이 이끄는 조직을 근본적으로 변화시키는 사람이며, 주어진 것만을 유지하거나 관리하는 거래적 리더와 대치되는 말이라고 한다.

거래적 리더십이 리더나 부하 간의 상호작용관계에서 상호간의 가치 있는 자원의 교환과정으로 설명된다면 이러한 교환의 대상은 크게 두 가지 유형으로 구분할 수 있다.[19] 그 한 가지는 고차원적 거래(high-quality transaction)이고, 다른 한 가지는 저차원적 거래(low-quality transaction)이다. 저차원적 거래는 가시적인 물품, 보수, 권리 등의 거

---

16) *Ibid.*, p.22.
17) B. M. Bass, "Leadership: Good, Better, Best", *Organizational Dynamics*, Winter 1985, p.27.
18) J. M. Burns, *Leadership*, New York, Harper & Row, 1978, p.20.
19) B. M. Bass, *op. cit.*, p.30.

래를 의미하고, 고차원적 거래란 리더와 부하를 결합할 수 있는 믿음, 신념, 존경심 등의 상징적 가치의 거래를 뜻한다. 사회학습이론에서는 리더 – 부하 간에 있어서 저차원적이고 단순한 거래를 초월하는 고차원적 거래관계는 부하들의 욕구에 대한 자기활성화를 촉진하고, 이는 곧 부하들의 자기강화를 가능하게 만들어 줌으로써 동기부여가 이루어진다고 주장한다. 변혁적 리더십의 개념은 거래적 리더십의 고차원적 자원의 교환과 유사한 개념이다.

Kuhnert와 Lewis는 변혁적 리더십이란 리더의 개인적 가치와 리더에 대한 부하들의 확고한 믿음이나 신념을 유발시키고, 리더가 부하들에게 확실한 목표를 설정해 주고 모범을 보이며, 부하들의 욕구에 대한 세심한 고려와 적절한 자극을 통하여 조직 및 구성원들의 성과와 만족도를 제고할 수 있는 방향으로 이끌 수 있는 리더십을 뜻한다고 언급하였다.[20]

거래적 리더들은 그러한 욕구나 자신감에 대하여 부하에게 요구되는 성과가 무엇인지 그리고 그 결과로 욕구만족이 부하들에게 어떻게 이루어질지를 명확히 하는 데 관심을 가지고 있다. 그러나 변혁적 리더는 부하들의 자신감을 끌어 올리거나 결과들에 대한 가치를 증대시킴으로써 부하들로 하여금 추가적인 노력을 이끌도록 만든다.

변혁적 리더십은 리더의 가장 주된 관심사로 부하들의 신념, 가치, 욕구의 변화를 도모하는 것이다.[21] 따라서 리더의 직접적인 영향력 행사를 통해 부하의 순응을 추구하는 거래적 리더십과는 구분된다. 변혁적 리더십은 부하의 가치관계와 신념체계를 변화시킴으로써 조직이나 집단의 성과를 제고하려는 리더의 유형을 의미한다.

변혁적 리더십을 주관하는 변혁적 리더는 조직의 구성원들이 조직의

---

20) K. W. Kuhnert and P. Lewis, "Transactional and Transformational Leadership: A Constructive / Developmental Analysis", *Academy of Management Review*, Vol.12, No.4, 1987, pp.649 – 650.

21) J. Tichy and M. A. Devanna, *The Transformational Leader*, New York, John Willey & Sons, 1986, p.45.

성과에 대한 문제점들을 확실히 인식도록 하기 위하여 동료, 부하, 고객들을 규합하고 고무시키는 역할을 시도한다.[22] 또한 변혁적 리더는 부하들의 고무적 인식을 향상시키기 위하여 미래에 대해 분명한 통찰력을 제시할 수 있어야 하고, 강한 자신감을 소유하며, 자신의 견해가 옳고, 또한 정당하다는 결단력을 부하들에게 증명할 수 있는 내적인 힘을 지니고 있어야 한다. 변혁적 리더들은 자신의 개인적 기준을 제시함으로써 부하들을 규합하고, 부하들의 목표와 신념을 높은 수준으로 향상시키며, 나아가 조직의 전체적인 진행 방향도 전환시킬 수 있어야 한다.

    <그림 Ⅱ-1>은 변혁적 리더십에 대한 모델을 보여 주고 있으며, 변혁적 리더십은 부하들이 가지고 있는 욕구수준에 대한 자신감이나 계획된 결과를 위한 욕구에 기초하여 발휘된다. 변혁적 리더는 부하들이 기대된 것 이상으로 업무를 수행하도록 동기를 부여한다.[23] 그러한 변혁과정은 다음과 같은 방식으로 이루어질 수 있다.[24] ① 계획된 결과의 가치나 그러한 결과에 도달하기 위한 방식의 중요성에 대한 부하들의 의식수준을 고양시킨다. ② 조직의 팀이나 조직체 그리고 보다 큰 정책을 위해 부하들로 하여금 자기 자신에 대한 이익을 희생하도록 한다. ③ 부하들의 욕구수준을 보다 높은 욕구수준으로 올리거나 또는 욕구 포트폴리오를 확장시킨다. 변혁적 리더십은 간단하게 말해서 종업원들의 동기부여를 통해 지휘하는 것이다.[25]

---

22) K. W. Kuhnert and P. Lewis, *op. cit.*, pp.648-657.

23) B. M. Bass, *op. cit.*, p.22.

24) *Ibid.*, p.20.

25) D. Hellriegel and J. W. Slocum, Jr., *Management*, 6th ed., Addison-Wesley Publishing Company, 1992, p.493.

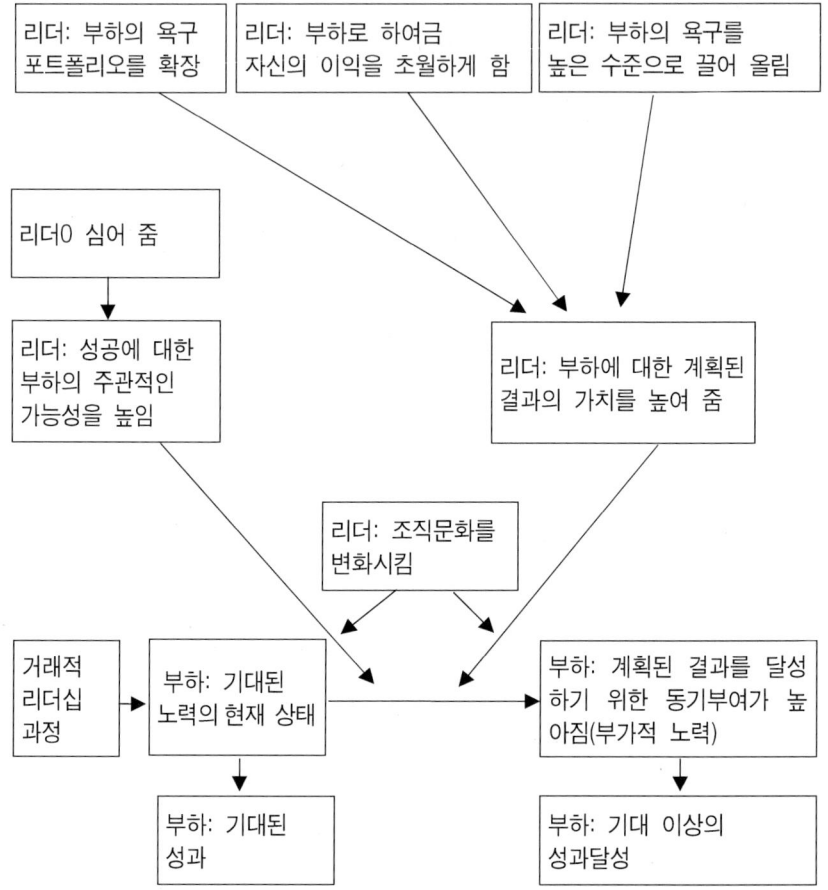

자료: B. M. Bass, Leadership and Performance Beyond Expectations, New York, Free Press, 1985, p.23.

〈그림 Ⅱ-1〉 변혁적 리더십과 부하의 추가근무노력

변혁적 리더들은 팀 구성원들에게 좀더 높은 이상과 도덕적 가치를 심어 줌으로써 또한 종업원들에게 더욱 새로운 방식으로 문제를 생각 하도록 동기부여시키는 것이다. 따라서 부하들은 리더에 대하여 신뢰 감, 인정감, 충성심, 존경심을 가지고 있고, 그들이 할 수 있는 것 이상으로 사고하고 행동하도록 동기부여된다. 따라서 부하들에게 그들의 과업에 대한 중요성과 가치에 대한 인식을 높여 주거나, 그들 자신의 이익보다는 그들이 속한 팀이나 조직을 먼저 생각하도록 동기부여시킨다.

변혁적 리더십은 종업원들의 태도나 공유감정을 변화시키고, 조직의 사명이나 목표 그리고 전략을 위한 종업원들의 몰입을 구축하는 데 초점을 맞추고 있다.[26] 이러한 유형의 리더십은 종업원들의 관심을 확대시키고자 할 때, 집단의 목표나 사명을 인식시키고 수용시키려 할 때 그리고 집단의 이익을 위해 개인의 이익을 양보하도록 종업원들을 이끌려고 할 때 발생한다.

변혁적 리더십은 부하들에게 권한을 위양함으로써 부하들이 책임을 지고 그들의 창의력을 발휘하도록 만든다.[27] 권한위양은 작업수행에서의 몰입도를 증가시키도록 부하들을 자극시킬 수 있는 여러 조건들을 제공하게 된다. 이러한 권한위양과 연관 있는 조건들로는 관련된 사실적 정보를 제공하는 것, 시간, 공간 그리고 자금과 같은 자원을 제공하는 것 그리고 금융, 승인, 합법성에 대하여 지원해 주는 것 등이 있다. 권한을 부여받은 부하들은 상세한 업무보고나 이론적 승인을 받지 않고도 일을 수행할 수 있는 것이다.

변혁적 리더십의 중요성에 관한 실증적 연구는 Bass의 연구에 의해 이루어졌는데, 그는 변혁적 리더십과 거래적 리더십 행위의 측정을 위한 다요인 리더십 설문지(multifactor leadership questionnaire: MLQ)를 개발하였다.[28] Bass에 따르면, 변혁적 리더십은 세 가지 과정의 함수로 표시되는데, 그 과정으로는 <표 Ⅱ-4>와 같이 ① 카리스마적이어야 하고, ② 개별적인 고려를 보여 주어야 하고, ③ 지적으로 자극시키는 것이라고 주장하였다.

---

26) D. J. Cherrington, *Organizational Behavior*, Allyn and Bacon, 1994, p.622.

27) *Ibid.*, p.622.

28) J. J. Hater and B. M. Bass, "Superiors' Evaluations and Subordinates' Perceptions of Transformational and Transactional Leadership", *Journal of Applied Psychology*, Vol.73, No.4, 1988, pp.695-702.

카리스마적으로 된다는 것은 종업원들에게 비전과 사명감을 제시하거나, 성과에 관한 자긍심을 주입시켜 주거나 그리고 부하들의 존경과 신뢰를 획득하는 것을 말한다.

〈표 Ⅱ-4〉 변혁적 리더십의 특성들

변혁적 리더십	• 카리스마: 부하들에게 비전과 사명감을 제공하고, 자긍심을 고취시키며, 부하들로부터 존경과 신뢰를 받음
	• 개별 고려: 부하들에게 개별적 관심을 보여 주고, 부하들을 독립적인 존재로 대우하며, 지도하고 조언해 줌
	• 지적 자극: 이해력과 합리성을 드높이고, 사려 깊은 합리적인 문제해결을 하도록 촉진시킴

자료: B. M. Bass, "From Transactional to Transformational Leadership: Learning to Share the Vision", *Organizational Dynamics*, Vol.18, Winter 1990, p.21.

개별 고려를 한다는 것은 종업원들을 개별적으로 다룸으로써 종업원들에게 개별적 관심을 보여 주고, 그들이 가지고 있는 기술수준이 상향될 수 있도록 도와주고, 그들의 경력관리에 대하여 조언을 해 주는 것이다.29) 지적 자극을 유발한다는 것은 합리성과 세심한 문제해결을 촉진시키고, 새로운 견해와 개별적 학습에 대해 공유하는 것이다.

Bass는 변혁적 리더십이 거래적 리더십보다는 우월하다고 주장하였다.30) 또한 그는 변혁적 리더십은 학습될 수 있으며, 조직의 최고 리더들에 의해 모델화되었던 리더십 행동의 유형에 의해 크게 영향을 받을 수 있다고 주장하였다. 그의 연구는 조직의 모든 계층에 있는 리더들이 보다 카리스마적으로, 보다 지적 자극을 줄 수 있는 방향으로, 그리고 보다 개별적 고려를 보여 줄 수 있는 쪽으로 훈련이 될 수 있다는 것이다.

---

29) B. M. Bass, "From Transactional to Transformational Leadership: Learning to Share the Vision", *Organizational Dynamics*, Vol.18, Winter 1990, p.21.
30) D. J. Cherrington. *op. cit.*, pp.621-623.

Bass는 변혁적 리더십을 발휘함으로써 부하들이 기대 이상의 성과를 산출하도록 분위기를 활성화시키고 고무시킬 수 있다는 점을 강조한다. 또한 Bass는 부하들에게 예정된 성과에 대한 이해도를 높이고, 팀을 위하여 개인적인 이익을 초월할 수 있도록 하며, 부하들의 동기수준을 더 높은 수준으로 전환시키는 리더의 역할을 중시하였고, 또한 부하들로부터 변혁적 리더라고 지칭 받을 수 있는, 리더의 세 가지 행위적 차원을 실증적으로 밝혔다.31) 그것은 카리스마적 리더십 차원과 지적인 자극 차원 및 개별 고려 차원이다. Bass는 위의 3가지 행위적 차원 중 카리스마적 리더십 차원이 변혁적 리더십의 설명력 중 66%의 분산을 설명한다고 했다. 이것으로서 Bass는 변혁적 리더십과 카리스마적 리더십의 개념이 유사하고 통계적으로 상관관계가 크다고 밝혔다. 또한 Conger와 Kanungo는 변혁적 리더십과 카리스마적 리더십의 개념을 동일한 개념으로 취급하고 있어 변혁적 리더십과 카리스마적 리더십을 개념적으로 명확하게 구분할 수 있다는 이론적 장점에도 불구하고 상관관계가 높은 유사개념으로 취급한다.32)

그러면 변혁적 리더들이 가지고 있는 속성들은 무엇인가? 성공적인 변혁적 리더들은 다음과 같은 속성을 가지고 있다.33) 그들은 그들 자신을 변화 담당자로 보고 있으며, 그들이 현명한 위험 감수자들이며, 자신들의 욕구에 대하여 민감하며, 그들의 비전을 분명하게 의사소통할 수 있는 능력이 있으며, 그들의 직관을 신뢰할 수 있는 특성을 가지고 있다. 이러한 속성들은 효과적인 리더들이 가지고 있는 핵심기술과 일치하고 있다. 그러나 변혁적 리더들은 효과적인 리더들이 가지고 있는 기술을 보다 능가할 수 있는 속성을 가지고 있다. 변혁적 리더들은 조

31) J. J. Hater and B. M. Bass, *op. cit.*, pp.695－700.
32) J. A. Conger and R. N. Kanungo, "Toward a Behavioral Theory of Charismatic Leadership in Organizational Settings", *Academy of Management Review*, Vol.12, No.4, 1987, p.639.
33) D. Hellriegel and J. W. Slocum, Jr., *op. cit.*, pp.494－495.

직의 방향을 변화시키는 데 몇 가지 행동에 몰두하고 있다. 이러한 행동은 <그림 Ⅱ-2>에서와 같이 크게 세 가지 단계, 즉 ① 변화에 대한 필요성을 인식하고(recognizing the need for change), ② 새로운 비전을 창출하고(creating a new vision), ③ 그러한 변화를 제도화시키는(institutionalizing the change) 과정을 거친다고 할 수 있다.

(1) 변화에 대한 필요성 인식

구성원들에게 환경변화에 대한 인식을 심어 주기 위해, 변혁적 리더들은 조직의 현재 상태에 대하여 영향을 미칠 수 있는 환경의 불확실성을 부하들에게 인식시킨다. 변혁적 리더들이 그들의 부하들과 의견을 달리하고 있을 경우에는 그들이 가지고 있는 문제점을 해결하기 위해 조직구성원들에게 다른 조직을 방문할 것을 권장한다. 그렇게 함으로써 변혁적 리더들은 자신들이 이룩한 과거 실적에 근거하는 것이 아니라 그들과 경쟁관계에 있는 경쟁업체들과의 비교를 통해 자기 조직의 성과를 측정할 수 있도록 종업원들을 고무시킨다.

(2) 새로운 비전 창출

비전이란 어렵지만 노력하면 도달할 수 있는 꿈으로 바람직한 장래의 모습이다. 다시 말하면 미래에 대한 통찰력이며, 대규모 조직에서는 비전의 창출이 창조적인 일개인에 의해서만 이루어지는 것은 아니다. 즉 비전의 형성에 따른 의사결정에 많은 사람들이 참여할 뿐만 아니라 의사결정에 따른 구체적 계획의 실적을 통하여 오랜 시간이 경과되면서 이루어지는 것이다. 이러한 조직의 새로운 비전을 창출하는 과정에 있어 변혁적 리더들은 중요한 역할을 담당하게 된다.

변혁적 리더들은 바람직한 미래의 상태를 제시할 수 있는 비전을 조직에 제시한다. 이러한 과업은 조직에서 변화를 주도하는 핵심 구성원들과 함께 수행하며, 이러한 비전은 변혁적 리더의 주요 책임으로 남게

된다. 변혁적 리더에게는 분석적, 창조적, 직관적 그리고 추론적인 사고
를 통합해야 할 필요성이 요구된다. 이러한 창조된 비전은 조직의 철학
과 스타일에 일치될 수 있는 방향으로 설정되어야 한다.[34]

(3) 변화의 제도화

조직의 주요 변화를 성공적으로 수행하기 위해서 변혁적 리더는 조
직의 비전에 몰입할 수 있는 집단들과 함께 공동으로 작업한다. 변혁적
리더는 조직의 주요 관리자들의 지지를 받을 수 있는 능력이 있어야
한다. 조직의 비전에 구성원들을 관여시키는 것은 구성원들의 조직에
대한 몰입을 개발시킬 수 있기 때문이다. 몇몇 경우에 있어서 변혁적
리더들은 변화를 성공적으로 수행하기 위해 필요한 기술을 보유하고
조직에 몰입도가 큰 구성원들로 조직의 주요 직위를 대체하기도 한다.

조직은 새로운 행동패턴을 현재 조직에서 수용되고 있는 범위 내에
서 재구성하지 않으면 안 된다.[35] 변혁적 리더들은 그들의 비전(vision)
을 실체적인 것으로, 그들의 사명(mission)을 행동에 옮길 수 있는 것
으로 그리고 그들의 철학(philosophy)을 실용적인 것으로 전환시켜야 한
다. 새로운 실체나 행동 그리고 실용성은 조직 전체에 공유되어야 한
다. 변화를 제도화하기 위해서는 조직과 적합할 수 있는 새로운 문화의
형성과 강화도 요구하게 된다. 종업원의 선발, 개발, 평가 그리고 보상
과 같은 인적자원시스템은 변화를 제도화하기 위한 하나의 주요한 차
원이 될 수 있다.

---

34) N. M. Tichy and D. O. Ulrich, "SMR Forum: The Challenge-A Call for the
    Transformational Leader", *Sloan Management Review*, Fall 1984, pp.63-64.
35) *Ibid.*, p.64.

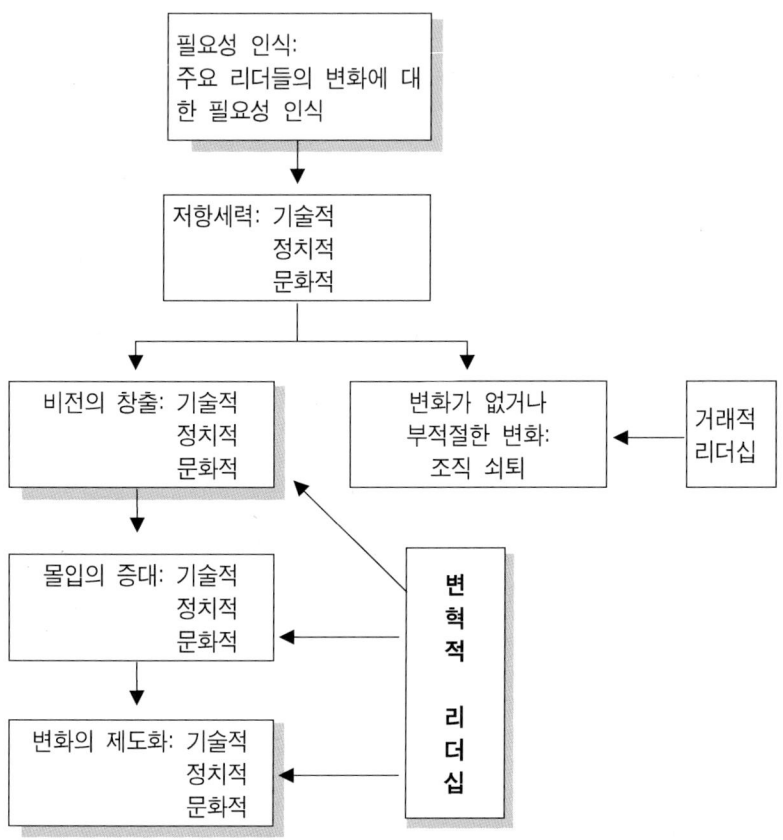

자료: N. M. Tichy, D. O. Ulrich, "SMR Rorum: The Challenge-A Call for Transformational Leader", *Sloan Management Review,* Fall 1984, p.62.

〈그림 Ⅱ-2〉 변혁적 리더십

2) 변혁적 리더십의 구성요인

변혁적 리더십 요인의 개발은 Bass의 연구로부터 발전했다. 그는 리더십의 구성요인으로 3가지 요인, 즉 ① 카리스마(charisma: 리더는 종업원들 자신이나 조직의 목표에 대한 열정, 신념, 충성심, 자신감, 신뢰를 상기시킴), ② 개별 고려(individual consideration: 리더는 부하들을 향한 발전적이고 개인적인 지향성을 유지함), ③ 지적 자극(intellectual stimulation: 리더들은 부하들의 문제해결능력을 향상시킴) 등을 언급하였다. 이하에서는 변혁적 리더십의 구성요인에 대하여 구체적으로 고찰하기로 한다.

(1) 카리스마

카리스마는 변혁적 리더십의 가장 중요한 구성요인이다. Bass는 할당된 직무에 대해 부하들을 열중하도록 만드는 사람, 조직에 대하여 충성심을 불어넣어 줄 수 있는 사람, 모든 부하들로부터 존경을 받는 사람, 조직에 정말로 중요한 것이 무엇인지를 파악할 수 있는 재능을 지닌 사람, 조직의 사명감을 가지고 있는 사람 등이 카리스마적 리더의 특성을 가지고 있는 것으로 주장하였다.[36] 카리스마적인 리더를 가지고 있는 부하들은 조직에 대한 신념을 가지고 있으며, 그들은 리더들과 같이 일하고 있다는 데 자부심을 가지고 있으며, 어떠한 장애물이 생기더라도 카리스마적인 리더들이 극복할 수 있을 것이라고 믿고 있다.

Bass와 Yokochi는 카리스마적 리더는 자신감, 탁월성, 목적의식과 부하들이 품고 있는 목표와 이상을 확실히 표명할 수 있는 능력을 표현할 수 있는 자질을 갖춘, 재능 있고 존경받는 인물로 설명하고 있다.[37] 따라서 카리스마적 리더는 보편화된 영향력을 가지고 있다. 이 영향력은 변혁적이며, 또 당면하고 있는 상황을 초월하고 합리적인 보상 약속이나 즉각적인 처벌 위협과 부하들의 동조(compliance)와 같은 상호교환을 능가하는 것이다. Bass와 Yokochi는 리더십 유형 인식에 있어서 기존의 리더십 연구인 구조주도와 고려, 과업지향과 관계지향, 지시와 참여로써 카리스마를 설명하려는 것에서 탈피하여, 리더십을 카리스마

---

36) B. M. Bass, *op. cit.*, 1985, p.34.

37) B. M. Bass and N. Yokochi, "Charisma among Senior Executive and the Special Cases of Japanese CEO's", *Consulting Psychology Bulletin*, Winter / Spring 1991, p.31.

와 지적 자극의 유형으로 다루어야 한다는 주장을 하였다.

House는 카리스마적 리더십에 관한 이론에서, 카리스마적 리더들은 고도의 자신감, 자신의 신념에 대한 강한 확신, 사람들에게 영향력을 행사하려고 하는 강한 권력욕구를 가지고 있을 가능성이 크다고 주장하였다.38) 강한 권력욕구가 그 리더로 하여금 부하들을 설득하고 그들의 행동에 영향을 주게 만드는 것이다. 자신감과 강한 확신은 부하들이 그 리더의 판단을 믿도록 만들 가능성을 증대시킨다. 자신의 신념에 대한 확신이나 자신감이 없는 리더는 사람들에게 영향력을 행사하려는 노력을 적게 하며, 노력을 하더라도 성공가능성이 적다.

카리스마적 리더들은 부하들에게 리더가 유능하고 성공적인 사람이라는 인상을 심어 주도록 잘 설계된 행동을 많이 할 가능성이 크다. 리더가 보여 주는 행동은 리더의 결정에 대한 부하들의 신뢰를 강화시키고 부하들의 자발적인 복종심을 증대시킨다. 리더에게 이런 행동이 없을 때에는, 리더십 과정에서 발생하는 문제들이 부하들의 신뢰감이나 리더의 영향력을 떨어뜨리게 된다.

카리스마적 리더들은 부하들에게 그들의 성과에 대하여 높은 기대를 가지고 있음을 인식시키고, 동시에 부하들에게 신뢰감을 자주 표현하는 경향이 있다.39) 강한 준거적 권력을 가지고 있는 리더들은, 부하가 높은 성과목표를 설정하도록 유도하여, 이 목표에 대한 그들의 참여를 얻어낼 수 있다. 그러나 부하들이 그 목표에 대해 실질적이고 달성 가능할 것이라고 지각하지 않는다면, 그러한 참여를 유발할 수 없을 것이다. 만일 부하들이 리더의 높은 기대를 충족시키기 위해 필요한 그들의 능력에 자신이 없다면, 그들은 리더의 영향력 시도에 저항하고, 많은 노력을 기울이는 것을 거부할 것이다. 고도로 추앙을 받는 리더에 의한 신뢰감의 표

---

38) G. A. Yukl, *Leadership in Organizations*, 2nd ed., Englewood Cliffs, N. J., Prentice-Hall, 1989, p.206.
39) *Ibid.*, pp.206-207.

현은 부하들의 자존심을 높여 주며, 성공이 정말 가능하다는 희망을 그
들에게 불어넣어 주게 된다. Conger와 Kanungo는 카리스마적인 리더가
가지고 있는 특성으로 ① 자신감, ② 관리적 기술, ③ 상황을 정확하게
평가할 수 있는 능력 그리고 전략수행을 위한 기회와 위협요인들을 확인
할 수 있는 능력에 필수적인 인지적인 능력, ④ 부하들의 가치와 욕구를
이해하는 데 필요한 사회적인 감수성과 감정이입 등을 꼽았다.[40]

또한 Nadler와 Tushman은 카리스마적 리더의 관리적 역할로 다음의
세 가지를 들고 있다.[41]

① 비전을 제시하는 역할: 이 역할은 조직의 미래에 대한 구상을 창
조하거나, 바람직한 조직의 미래와 상태를 구현하는 것이다. 이러한 비
전창출을 통해 리더는 구성원들의 몰입도를 증대시킬 수 있고, 조직의
공유목표를 설정하며, 성공할 수 있다는 확신을 구성원들이 느낄 수 있
도록 만드는 것이다. 이것은 리더의 다양한 행동으로 이루어질 수 있
다. 즉 비전을 좀더 명확하고 극적인 표현을 사용함으로써 종업원들에
게 구체화시키고, 비전을 도전적이고, 의미 있으며 추구할 가치가 있는
것으로 설정해야 한다는 것이다.

② 활력을 불어넣는 역할: 이 역할은 조직의 구성원들에게 동기를
부여시키기 위한 활력을 불어넣는 것이다. 조직의 구성원들과의 많은
개인접촉을 통하여 구성원들에게 개인적 열정과 활력(energy)을 강조하
는 것이다. 또한 구성원들에게 성공에 대한 확신을 계속적으로 불어넣
어 줌으로써 가능한 것이다.

40) J. A. Conger and R. N. Kanungo, *op. cit.*, pp.637－647.
41) D. A. Nadler and M. L. Tushman, "Beyond the Charismatic Leader: Leadership and Organizational Change", *California Management Review*, Vol.32, No.2, Winter 1990, pp.82－83.

③ 종업원들에게 능력을 부여시키는 역할: 리더는 부하들이 도전적인 목표를 수행하는 데 있어 심리적으로 도와주게 된다. 비전을 제시하고 열정을 창조토록 하고 난 후에는 종업원들의 과업수행에 대하여 감정적인 지원을 해 주는 것이다. 카리스마적 리더는 조직에서 구성원들의 이야기를 경청해 주든지, 그들이 느끼는 바를 공유하거나 이해를 통한 동정심을 보여 주게 된다. 따라서 카리스마적인 리더들은 과업을 효과적으로 수행할 수 있다는 부하들의 능력에 대한 자신감을 표현해 주는 것이 아주 중요한 역할이라 할 수 있다.

Conger와 Kanungo는 조직상황에서 카리스마적인 리더들이 가지고 있는 행동적 특성이 비카리스마적인 리더들이 가지고 있는 행동적 특성과는 차이가 있음을 다음의 <표 Ⅱ-5>에서와 같이 밝혔다.[42]

<표 Ⅱ-5> 비카리스마적인 리더와 카리스마적인 리더의 행동 구성요인

	비카리스마적인 리더 (noncharismatic leader)	카리스마적인 리더 (charismatic leader)
현상(statusquo)에 대한 견해	현상에 대해 동의하고 유지하는 데 노력함	현상에 대하여 반대하고, 현상을 변화시키려고 노력함
미래 목표	현상에 어긋나지 않는 방향으로 목표 설정	현상과 완전히 다른 이상적인 비전을 설정
전문성	기존의 프레임워크로 목표 달성을 위해 사용될 수 있는 수단을 이용하는 전문성을 가짐	기존의 방법을 초월하기 위한 비관습적인 수단을 사용하는 전문성을 가짐
행 동	기존의 규범에 대하여 동조하는 관습적인 행동	비관습적이거나 기존의 규범에 반작용하는 행동
환경에 대한 민감성	현상을 유지하기 위한 환경적 민감성에 대한 낮은 욕구	현상을 변화시키기 위한 환경적 민감성에 대한 높은 욕구

---

42) J. A. Conger and R. N. Kanungo, *op. cit.*, 1987, p.641.

	비카리스마적인 리더 (noncharismatic leader)	카리스마적인 리더 (charismatic leader)
목표설정의 구체성	목표와 동기부여에 대한 낮은 구체성	미래의 비전과 동기부여에 대한 강한 구체성
권력의 기초	직위권력과 개인적 권력(보상적 권력과 전문적 권력에 기초)	개인적 권력(전문적 권력과 존경에 기초한 권력)
리더와 부하의 관계	부하와 합의를 모색하는 평등주의(equalitarian)의 관계로, 부하들과 견해를 공유하기 위해 종업원들에게 관심을 끌거나 명령함	기업가나 본보기를 통한 엘리티스트(elitist)적인 관계로, 급진적인 변화를 공유하기 위해 부하들을 변혁시킴

자료: J. A. Conger, R. N. Kanungo, "Toward a Behavioral Theory of Charismatic Leadership in Organizational Settings", *Academy of Management Review*, Vol.12, No.4, 1987, p.641.

(2) 개별 고려

변혁적 리더는 부하들을 계발시키려는 비전과 통찰력을 지니고 행동한다.[43] 리더는 부하들이 현재 맡고 있는 직무를 수행하는 것과 더불어 보다 큰 책임이 부과될 수 있는 장래의 직위에 대한 부하들의 잠재력을 평가한다. 변혁적 리더는 부하들의 능력과 동기부여에 효과적으로 작용할 수 있도록 부하들의 개인적인 성향에 기초하여 과업을 할당함으로써 조직의 욕구를 만족시키게 된다. 부하들에게 도전적인 직무를 배정해 주거나, 부하들의 책임을 증대하는 것은 부하들을 개별적으로 계발시키기 위해 사용될 수 있는 유용한 접근법이다.

개별 고려는 리더와 부하 간의 관계에 있어서 리더에 대한 만족감이나, 많은 상황하에서 부하들의 생산성 향상에 공헌할 수 있는 중요한 측면으로 여겨져 왔다.[44] 이러한 개별 고려는 의사결정에 대한 종업원들의 참여나, 성장을 위한 종업원들의 욕구에 초점을 둔 참여적 관리방

---

43) B. M. Bass, *op. cit.*, p.35.
44) *Ibid.*, p.82.

법에 있어서 많이 찾아볼 수 있다. 따라서 변혁적 리더는 부하들에 대하여 친근하고, 비공식적으로 대해 주며, 부하들보다 뛰어난 전문적 능력을 가지고 있더라도 부하들을 동등하게 취급해 주는 경향이 있다.

부하들에게 보여 주는 개별 고려는 감독자가 그의 부하들과 개인적으로 상담하는 과정에서 나타날 수 있다.[45] 부하들은 그들이 맡고 있는 직무나 상사의 직무 그리고 작업관계에 대한 관심과 기대감을 상사와 함께 토론할 수 있다. 따라서 상사는 상사의 직무나 부하의 직무 그리고 작업과의 관계에 대하여 상사가 가지고 있는 기대감을 부하와 공유하게 된다. 이러한 방법으로 상호간의 이해가 증진될 수 있는 것이다.

Podsakoff, Todor 그리고 Schuler의 연구에서는 리더들은 팀이나 조직을 위해 부하들에 대하여 고려적이고, 동정적이고, 관심을 보여 주고, 돌보아 주며, 지원적인 성향을 가져야 한다고 주장하였다. 따라서 그러한 고려는 부하들의 역할모호성을 감소시켜 준다는 것이다.[46]

Zaleznik은 부하에 대한 리더의 개별적인 영향력 및 상사와 부하 사이의 일대일(one-to-one)의 관계가 리더의 발전을 위한 중요한 요소라는 것이다.[47] 그는 개인주의(individualism)적인 조직문화가 장려되어야 하고, 부하들 사이에서 장래의 유망한 리더가 될 수 있는지를 초기에 파악할 수 있는 엘리트주의(elitism)적 조직문화도 조성되어야 한다고 주장하였다.

개별 고려는 조직에서 발생하는 많은 정보를 가지고 있는 상사가 부

---

45) G. Graen, M. A. Novak and P. Sommerkamp, "The Effect of Leader-Member Exchange and Job Design on Productivity and Satisfaction, The Testing a Dual Attachment Model", *Organizational Behavior and Human Performance*, Vol.30, 1982, pp.109-131.

46) P. M. Podsakoff, W. D. Todor and R. S. Schuler, "Leader Expertise as a Moderator of the Effects of Instrumental and Supportive Leader Behaviors", Journal of Management, 1983, Vol.8, pp.173-185.

47) A. Zaleznik, "A Managers and Leaders: Are They Different?", *Harvard Business Review*, Vol.55, No.5, 1977, pp.67-80.

하들에게 충분하게 정보를 전달해 줌으로써 이루어질 수 있다.[48) 따라서 상사가 가지고 있는 정보를 일방적(one-way)으로 전달하는 것보다는 양 방향(two-way)의 대화가 이루어지는 가운데, 메모지와 같은 문서화된 형태가 아닌 직접적인 대면과 같은 방법을 활용하는 것이 훨씬 효과적이라는 것이다.

부하에 대한 개인적 상담도 개별적인 고려의 한 형태를 보여 주고 있는데, Kaplan과 Cowen은 97명의 최일선 감독자를 대상으로 한 연구조사에 의하면, 감독자들이 부하들을 돕기 위해서는 부하들의 고충을 들어 주고 부하들에게 지원과 동정심을 보여 주어야 한다고 주장하였다.[49) 또한 부하들과 상담을 하기 위해서는 부하들이 가지고 있는 어려운 점을 표현하도록 만들어야 하고, 부하들로 하여금 대안들을 모색하도록 만들고, 개인적 경험을 공유하며, 그에 따른 적절한 충고를 해 줄 수 있어야 함을 강조하였다. 따라서 부하들의 고충을 들어 주고 도와주는 것은 감독자들의 직무에서 아주 중요한 부분이라는 것이다.

개별 고려는 상위의 관리자가 하위의 관리자들을 위한 개별적인 상담을 해 주면서도 나타날 수 있다.[50) 훌륭한 리더는 조직에서 비교적 젊고 경험이 적은 구성원들의 계발에 지도적인 역할을 제시해 줄 수 있는 신뢰적인 카운슬러의 역할을 수행한다. 리더는 부하들을 돕기 위해 그들이 가지고 있는 높은 지식이나 경험 그리고 직위를 사용한다.

리더의 역할에서는 부하들을 가르치고, 부하들의 고충을 들어 주고, 일치된 의사결정을 이루는 것을 강조한다.[51) 또한 Hunt와 Michael은

---

48) B. M. Bass, *op. cit.*, p.88.
49) E. Kaplan and E.L. Cowen, "Interpersonal Helping Behavior of Industrial Foreman", Journal of Applied Psychology, Vol.66, 1981, pp.633-638.
50) B. M. Bass, *op. cit.*, p.90.
51) E. C. Shapiro, F. Haseltine and M. P. Rowe, "Moving Up: Role Models, Mentors, and The Patron System", *Sloan Management Review*, Vol.19., No.3, 1978. pp.51-58.

리더는 높은 직위에 있어야 하고, 강력하여야 하며, 고도의 지식을 겸비하여야 한다는 것이다.52) 리더십은 부하들의 자신감을 증대시켜 주고, 부하들의 알고자 하는 욕구(need for know)를 충족시켜 준다.

따라서 개별 고려는 부하와 상사 간의 직접적인 접촉, 양 방향의 의사소통을 강조하며, 그렇게 함으로써 부하들의 자아상(self-image)을 확립시켜 주고, 부하들의 정보 확보에 대한 욕구를 고양시키며, 의사결정에 따르는 결과에 대하여 책임의식을 갖도록 만들어 준다.53)

(3) 지적 자극

지적 자극은 문제에 대한 인식을 달리하고 문제해결 방법에 대한 인식을 새로운 방법으로 각성시킨다. 부하들이 상상력을 발휘하도록 만들고 부하들이 가지고 있는 사고나 견해를 일반화시킬 수 있도록 고무시키는 것이다. 이러한 지적 자극은 부하들이 직면한 문제점의 본질과 그 해결 방안에 대하여 부하들이 가지고 있는 개념화·이해도·신중성 등을 한층 더 발전적일 수 있도록 만든다.54)

Bass는 이러한 지적인 영역에서 변혁적 리더와 거래적 리더 사이에 있는 체계적 차이를 볼 수 있다고 하였다.55) 변혁적 리더는 부분적인 문제해결에 만족하지 않으며, 현재의 상태를 받아들이지 않고, 이전에 실시했던 방법대로 일을 수행하려고 하지 않는다. 따라서 변혁적 리더는 좀더 새로운 방법과 새로운 변화를 모색하고 비교적 높은 위험에도 불구하고 기회를 최대한 이용하려는 경향이 강하다. 지적 영역에서, 변혁적 리더와 거래적 리더의 차이점은 변혁적 리더의 사고는 반응적(reactive)이라기보다는 예방적(proactive)이며, 아이디어 창출에 있어 비

---

52) D. M. Hunt and C. Michael, "A Career Training and Development Tool", *Academy of Management Review*, Vol.8, 1983, pp.475-485.
53) B. M. Bass, *op. cit.*, p.97.
54) *Ibid.*, p.37.
55) *Ibid.*, p.105.

교적 창의적이고, 혁신적이며, 이데올로기에 있어서는 계량이나 보수적
이지 않고 급진적인 성향을 보이는 것이다.

Wortman은 조직의 상부계층에 있는 중역들은 전략적 사고와 지적
활동에 대한 관심을 증대시키고, 부하들의 과업에 대한 분석, 과업의
설정, 과업의 수행, 과업의 평가 등에 관하여 관심을 집중시켜야 한다
고 주장하였다.56) 그렇게 함으로써 변혁적인 리더로서의 역할을 수행할
수 있다는 것이다.

지적 자극은 정서적 자극과 결합될 경우 더욱 큰 영향을 미치게 된
다. 정서적 자극과 결합됐을 때 지적 자극은 의식의 상승, 의식의 개혁,
사상전환까지 도모할 수 있다고 Bass는 주장하였다.57) 따라서 그는 실
제로 변혁적 리더가 제공하는 지적 자극은 그 자체 하나만으로 되어
있지 않고 오히려 지적 자극, 카리스마, 개별 고려가 어느 정도 혼합되
어 있다는 것이다.

그러나 지적 자극은 부하들이 독립성과 자율성을 갖도록 만들어 준
다. 따라서 지적 자극은 좋은 아이디어를 널리 퍼뜨리는 것에 국한시키
지 않는다.58) 리더들은 부하들이 아이디어를 지적으로 창출하도록 만들
거나, 어떤 문제에 대하여 새로운 시각만을 갖도록 만들지는 않는다.
혁신적인 정책을 입안하는 리더들은 부하들의 아이디어에 대한 지원을
아끼지 않으며, 좀더 비전적인 집단이나 조직과 공동으로 아이디어를
실현시키기 위해 공동의 노력을 경주하는 것이다.

---

56) M. S. Wortman, "Strategic Management and Changing Leader−Followers
    Roles", Journal of Applied Behavioral Science, Vol.18, 1982, pp.371−383.
57) *Ibid.*, p.112.
58) B. M. Bass, *Handbook of Leadership: Theory, Research, & Managerial Applications*,
    3rd ed., The Free Press, 1990, p.216.

제2절 임파워먼트에 대한 이론적 고찰

1. 임파워먼트의 개념 및 의미

임파워먼트(empowerment)는 구미 기업에서 약 15년 전부터 보편적으로 활용된 개념으로서, "변화하는 환경에 능동적으로 대처하고 고객만족을 상대적으로 추구하고자 상대적으로 조직의 하위계층 사람들에게 의사결정 권한을 많이 위양·위임하는 것"이라고 흔히 알려져 있다.

조직의 상층부에서 권한을 쥐고 통제 중심의 관점에서 조직을 운영하기보다는, 권한위양을 통해 구성원의 자율적이고 적극적·능동적인 활동을 유도하는 개념이다.

우리 한국의 기업 또한 통제 중심의 관리에서 자율과 몰입 중심으로 변화해야 하기에, 구미기업보다는 늦었지만 최근 들어 임파워먼트에 대한 관심이 부쩍 늘고 있다.59)

우리나라 조직상황의 경우 '변화가 필요하다' 혹은 '변화해야만 한다'를 부르짖는 상황은 이제 넘어섰다고 본다. 웬만한 조직의 구성원들은 '변화의 필요성'을 이미 다 느끼고 있다. 그런데 문제는 그들이 설령 변화의 필요성을 느끼고 있다고 해도 실제로 행동에서의 변화가 아직 잘 일어나지 못하고 있다는 것이다.

실질적으로 조직변화는 구성원 개개인의 사고·행동의 변화를 통해 일어나고, 이러한 구성원의 변화는 부서 혹은 팀 단위의 하위단위조직에서 유발되어야 한다. 따라서 조직 전체의 차원에서 경영자에 의해 주도되던 그간의 공식적 '비전 제시'나 '변화 필요성 강조'의 단계를 넘어서서 구성원 자신에 의해 유도·촉발되는 실질적 변화가 절실히 요

---

59) 박원우, 「임파워먼트 실천 매뉴얼」, 시그마 컨설팅 그룹, 1999, p.16.

청되는 상황이다.

따라서 조직변혁을 위한 핵심은 구성원 스스로가 역할 변화의 인식을 바탕으로 부서 변화에 필요한 능력과 의욕 및 자신감을 지니게 하는 것이다. 이러한 현실의 필요성에 따라 정확하게 부합하는 것이 바로 조직 내 임파워먼트의 증진이다.

급변하는 기업 환경 속에서 '자율경영', '사회 속에서의 경영' 등으로 인해 더 이상 통제지향적인 경영은 매우 힘든 상황이다. 이와 같은 상황 속에서 무엇보다도 중요한 것은 기업구성원 개개인의 자율성 보장 이상의 그 무엇이 필요한 것이 아닐까 하는 생각이 드는 시기이다. 이는 글로벌 경쟁이 격화되고 환경변화가 가속화되면서 구성원들이 더욱 강한 몰입과 위험의 수용 등을 촉진할 필요성이 크게 대두되었기 때문이다.

이러한 기업 환경 속에서 매우 활동적이고 자신감에 넘쳐 일하는 사람들은 높은 성과를 내며 자신의 업무와 회사에 대해 만족하고 있음을 볼 수 있는 반면, 소극적이고 무기력하며 업무스트레스에 시달리고 보신주의적 행동을 하는 사람들은 업무 성과가 낮을 뿐만 아니라 자신의 업무와 회사, 나아가 자기 자신에 대해서조차 부정적인 태도를 보이고 있음을 발견할 수 있다.

임파워먼트란 이렇게 적극적이고 활동적으로 작업을 수행하도록 하는 것으로서 다음과 같은 중요성을 가진다.[60]

첫째, 임파워먼트는 구성원들로 하여금 자신의 일이 회사의 성패를 좌우한다는 강한 사명의식을 갖도록 한다. 즉 구성원 개인마다 자신이 담당하고 있는 일이 매우 중요하다는 의식을 갖도록 한다. 둘째, 임파워먼트는 우수한 인력을 양성하거나 확보하는 것에 초점을 두며 특히 업무를 수행하는 개인의 기량(skill)을 향상시키는 데 초점을 둔다. 셋째, 임파워먼트는 자신이 담당하고 있는 일에 대해 스스로 의사결정권

---

60) 신유근, 「인간존중의 경영」, 다산출판사, 1997, p.202.

을 갖게 하여 통제감을 높임으로써 무기력감과 스트레스를 해소하고 더 나아가 강한 업무의욕을 갖게끔 하여 구성원에게 커다란 성취감을 준다. 넷째, 임파워먼트는 구성원들이 고객에 대한 서비스를 향상시키고 환경 변화에 신속하게 대응할 수 있도록 한다. 조직이 급변하는 환경에 적응할 수 있으려면 상부의 조언이나 허락 없이도 상황에 능동적이고 적극적으로 대응할 수 있는 역량을 가진 사람들을 필요로 하는데, 임파워먼트는 그러한 능력을 갖추도록 하는 데 기여하는 개념이라고 할 수 있겠다.

많은 학자들과 경영실무자들은 임파워먼트를 리더가 부하에게 권력위양으로 이해하고 있으나 이는 권력을 한정시킨 상태에서의 주고받는 관계에 한정된 이해라고 할 수 있다. 이는 권력뿐만 아닌 통제개념도 갖고 있는 복합적 개념인 임파워먼트를 충분히 이해하지 못한 것이라고 볼 수 있다.

좀더 올바른 이해를 하자면 권력이동과 통제이동을 동반하는 부가가치적 측면을 이해해야 된다. 임파워먼트는 주는 만큼 줄어들고 받는 만큼 늘어나는 Win-Lose인 Zero-Sum관점에서 볼 것이 아니라 이미 존재하고 있는 능력을 자치통제권한 부여를 통해 인정해 주고 기회를 주어 키워 주고 풀어 주는 개념으로 Win-Win적인 Positive Sum적 개념인 것이다.

박원우는 이러한 개념상의 임파워먼트를 Zero-Sum관점에서 보는 것이 아니고 Positive-Sum관점에서 보았으며 그 결과 임파워먼트 관계의 리더와 부하는 서로의 파워가 원래보다 더 커질 수 있다는 것이다. 이와 같은 관점, 즉 빼앗고 빼앗기는 식의 파워가 아니라 협력에 의하여 양자 모두의, 집단의, 조직의, 사회의, 국가의 파워 자체가 커지는 현상(positive synergy 현상, negative entropy 현상, power multiplication 현상)을 임파워먼트라고 한다.[61] 여기서 추가적 이해가 필요한 것은 임파

---

61) 박원우, 전게서, p.36.

워먼트는 파워를 잃는 것도 주는 것도 아닌 각 개인에 이미 존재하는
파워와 능력을 풀어 주고 키워 주는 개념이라는 것이다.

이러한 임파워먼트에 대한 개념을 기초로 하여 임파워먼트의 여러
의미를 살펴보면 다음과 같다.

1) 사전적 의미

임파워먼트의 사전적 의미를 살펴보면 임파워먼트란 권한부여, 능력
개발, 가능성 부여, 허락 등의 의미로 규정되고 있다. 이와 같이 임파
워먼트의 공식적 의미는 대체로 권력(power)이나 권위를 준다는 것 혹
은 뭔가 이룰 수 있도록 할 능력을 주는 방법과 관련된다. 그러나 학
술문헌에서는 공식적 의미규정 중에서도 흔히 'enable'의 사전적 의미
를 많이 활용한다. 그것은 'enable'의 사전적 의미가 구성원의 수동적
특성을 육성하는 전통적 관리사고의 접근과는 다르게 "뭔가 원하는 것
을 가능케 할 능력을 만들어 준다 혹은 권력, 수단, 능력을 준다; 능력
있도록 해 준다; 권위 있게 만들어 준다"라는 식의 자생능력 육성의
토대가 형성되도록 하는 의미를 담고 있기 때문이다. 결국 임파워먼트
는 "할 수 있게 해 주다(enable) 혹은 허용해 준다(allow), 인정해 주다
(permit)"라는 뜻을 함축한다고 할 수 있다. 이와 같은 해석은 자기 주
도적이건 타인 주도적이건 상관없이 모두를 의미하는 것으로 이해될
수 있게 한다.[62]

2) 조직적 의미

임파워먼트는 이론적 연구보다는 실용적 관심을 가지고 있는 조직
이론가들에 의해 사용되어 왔는데, 각 연구자나, 적용 분야에 따라서

62) J. F. Vogt and K. L. Murrell, *Empowerment in Organizations: How to Speak Exceptional Performance,* San Diego, CA: Pfeiffer & Company, 1990.

그 의미가 서로 다르게 해석되고 있다. 경영학 분야에서 정의해 놓은 임파워먼트의 의미를 살펴보면 다음과 같다.

Conger와 Kanungo는 임파워먼트를 관계구조적인 측면에서 권한, 법적 파워를 배분하는 과정과 동기부여적 차원에서는 "할 수 있다는 믿음이나 판단," 즉 자신감(self-efficacy)을 부여하는 과정으로 보았으며,63) Thomas와 Velthous는 임파워먼트를 과업성취에서 자신의 노력이 결과에 미치는 영향, 주어진 직무를 능숙하게 처리할 수 있는 능력, 자신의 목표를 기준으로 하여 직무에 대한 의미감, 스스로 직무를 선택할 수 있는 선택력 등 내적 직무동기(intrinsic work motivation)를 조직구성원에게 부여하는 과정이라고 하였다.64) 또한 Spreitzer은 Thomas와 Velthous의 심리학적 임파워먼트, 즉 개인 차원의 임파워먼트의 연구를 발전시켰는데, 그에 의하면 심리학적인 임파워먼트는 동기부여적 네 가지 요소, 즉 역할 수행 능력, 자기 결정력, 역할 영향력, 역할 의미감 등으로 구분되어 이러한 임파워먼트 요인들을 각 구성원들이 심리적(psychological)으로 어떻게 느끼는가로 보았다.65) 이외에 Bowen과 Lawler은 서비스 부문에 있어서 임파워먼트를 적용하면서 임파워먼트시킬 수 있는 4가지 조직요소, 즉 조직성과에 관한 정보, 조직성과에 기초한 보상(rewards), 종업원이 조직성과에 기여할 수 있고 이를 이해할 수 있는 구성원의 지식(knowledge), 조직의 방향과 작업절차에 영향을 미치는 의사결정 파워 등으로 구분하고, 이러한 요소들을 조직구성원들이 공유하였을 때 몰입과 전념을 통해 임파워먼트된다고 하였다.66) 또한

---

63) J. A. Conger and R. N. Knungo, "The empowerment process: Integrating Theory and Practice", *Academy of Management Review*, Vol.13, 1988, pp.475.

64) K. W. Thomas and B. A. Velthouse, "Cognitive Elements of Empowerment: An Interpretive Model of Intrinsic Task Motivation", *Academy of Management Review*, Vol.15, 1990, pp.666-681.

65) G. M. Spreitzer, "Psychological Empowerment in the Workplace: Dimension, Measurement, and Validation", *Academy of Management Journal*, Vol.38, 1995, pp.1442-1465.

Greenberg와 Baron은 부하들에게 그들이 하는 근무를 수행하는 과업을 관리할 수 있는 기회를 주는 것을 임파워먼트라 하였으며[67], Enz는 임파워먼트를 권한위임(the delegation of authority)과 심리학적 능력 사이에서 균형을 유지하는 것이라면서, 조직구성원들 각자가 영향력 있고 추구하는 구체적인 목표인 역할 수행 능력, 통제력, 권한수용을 느끼는 정도, 즉 심리적인 상태(psychological state)라고 했다.[68] 여러 학자들의 연구한 임파워먼트에 대한 개인, 집단, 수준에서의 하위개념들을 살펴보면 <표 Ⅱ-6>과 같다.

〈표 Ⅱ-6〉 임파워먼트의 하위개념

연 구 자	임파워먼트 차원	연 구 자	임파워먼트 차원
Conger와 Kanungo(1988)	능력, 동기부여, 수행 능력	Arad(1994)	자율성, 영향력 책임감, 자신감
Thomas와 Velthous(1990)	영향력, 능력, 의미감, 선택	Spreitzer(1995)	역할 의미감, 역할수행능력 자기 결단력, 역할 영향력
Fulford and Enz(1995)	의미감, 능력, 자기 결단력, 통제력	Frymer, Shulman and House(1996)	영향력, 능력, 의미감, 선택
Cohen(1988)	집단능력, 동기부여, 집단지원성	Johnson(1994)	기회, 선택, 성취
Liden and Arad(1996)	능력, 선택, 영향력		

임파워먼트에 대한 의미는 경영학적 의미 이외에 다른 관련 분야에서도 여러 가지 의미로써 사용되고 있는데, 그 실례를 들면 다음과 같다.

---

66) D. E. Bowen and E. E. Lawler, "The Empowerment of Service Works: What, How, and When", *Sloan Management Review,* Spring, Vol.33, 1992, pp.31−39.
67) J. Greenberg and R. A. Baron, *Behavior in Organization,* Simon & Schuster Inc., 1993.
68) M. D. Fulford and C. A. Enz, "The impact of empowerment on service employees", *Journal of Managerial Issues,* Vol.7, 1995, pp.161−175.

<표 Ⅱ-7> 임파워먼트의 다양성

정치분야	• 국민의 정치적 힘 증대: 가난하고 공권력을 빼앗긴 국민에게 힘을 부여함
환경분야	• 환경보전: 음식과 잠자리를 전통적으로 자연에 의존해 온 사람들에게 그 땅과 자원 통제력(사용권)을 돌려주는 것
사회분야	• 사회의 양극화 해소: 사회 구성원의 힘을 키워 극소의 극부계층과 극빈계층 간 차이 해소를 추구하는 것
교육분야	• 지역사회의 학교 통제권의 반환: 각 지역사회가 그 상황에 맞게 자율적으로 학교를 운영해 학생들의 학습의욕을 키우는 것

자료: 박원우, 「임파워먼트 실천메뉴얼」, 시그마 컨설팅그룹, 1998, pp.30-31.

3) 사회정치적 의미

파워에 대한 연구는 경영학보다는 사회, 정치학에서 먼저 연구가 시작됐고, 많은 학문적 성과가 있었지만 경영학에서는 파워 연구에 대한 부족으로 최근까지도 임파워먼트의 의미가 주로 기존의 사회정치적 측면에 초점을 둔 의미로 언급되어 왔다.[69] 사회정치학적 측면에서의 임파워먼트는 기존에 갖고 있던 파워보다 상대방에게 더 많은 양의 파워를 주는 것을 의미하며, 이는 권력분산을 통한 민주주의를 의미하기도 하지만, 영향력(competent influence) 배분과 개발이라는 측면보다 단순히 배분의 측면에 초점을 맞추고 있다. 대부분의 관리자들은 구성원에게 동료와 협력하거나 스스로 일을 할 수 있는 영향력을 주는 대신에 구성원에게 그들의 과업을 수행하는 데 필요한 좀더 많은 자유(freedom and latitude)를 주는 데 초점을 두고 있다.[70]

---

69) C. D. Ferris and T. A. Tudge, "Personnel Human Resource Management: A Political influence Perspective", *Journal of Management,* Vol.7, 1991, pp.447-488.
70) T. Keller and F. Dansereau, "Leadership and Empowerment: A Social Exchange Perspective", *Human Relations,* Vol.48, 1995, pp.127-145.

4) 경영학적 의미

(1) 자신감(self-efficacy)

임파워먼트는 사전적으로 "파워와 권한을 주다"는 뜻 이외에 enabling
과 같은 뜻으로 정의되고 있는데, 여기서 enabling이란 단순히 권한을
주는 것과는 달리 자신의 능력에 대한 강한 자신감과 신념(beliefs)을 갖
도록 해 주는 것을 의미한다. 동기부여적 측면에서의 임파워먼트는 부하
의 능력의 초점을 신념에 둔 것으로, 조직구성원의 노력-수행-기대 또
는 긍정적인 개개인의 자신감에 대한 마음의 상태를 증대시키는 것으로
'할 수 있는 신념'을 부여하는 과정으로 표현될 수 있다.

자신감의 개념을 제시한 Bandura에 의하면 기대에는 성과기대와 효
과의 기대가 있으며, 개개인의 자신감은 '효과의 기대'로 설명하고 있
다. 성과기대는 주어진 행동이 확실한 성과를 가져올 것이라는 개인의
측정치이고, 효과의 기대는 성과를 가져오는 데 요구되는 과정을 성공
적으로 달성할 수 있는 확신을 의미한다고 볼 수 있다.[71] 효과기대는
반응행동의 만족감이 자기 자신으로부터 오게 되는 요인, 즉 성취감,
도전감, 책임감 등의 내재적 보상을 바라는 내적 동기를 부여해 주는
것으로, 다음과 같이 도식화할 수 있다.

---

71) A. Bandura, "Self-Efficacy: Toward a Unifying Theory of Behavioral Change",
    Psychological Review, Vol.84, 1977, p.193.

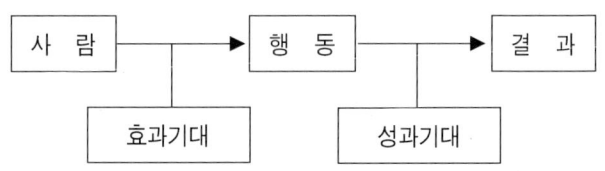

(efficacy expectations) (outcome expectations)

자료: A. Bandura, "Self-Efficacy: Toward a Unifying
　　　Theory of Behavior Change", *Psychology Review*,
　　　Vol.84, p.193.

〈그림 Ⅱ-3〉 Bandura의 효과기대와 성과기대의 차이

여기서 임파워먼트란 유리한 수행성과에 대한 기대를 증가시키는 것보
다는 성과를 가져오는 데 요구되는 행동을 잘할 수 있다는 확신을 갖게
하는 과정이라고 할 수 있다. 한편, Conger와 Kanungo는 임파워먼트란
"과업에 대한 자신감(self-efficacy)으로 구성원은 과업을 부여받은 것이
아니라, 그들 스스로 그들의 일을 수행하기 위해 스스로 노력하게 되고
또 일을 수행하게 되는 것이다"라고 하고 있다.72) 따라서 임파워먼트를
'enabling'의 뜻으로 사용하면 단순히 상사의 입장에서 주는 것뿐 아니라
부하의 입장에서 받는 것도 포함되어 있기 때문에 부하가 임파워먼트됐
다는 것을 알 수 있다. 즉 상사의 입장에서 임파워먼트시킨다는 것은 부
하로 하여금 자신의 능력에 대한 자신감(self-efficacy)을 가질 수 있도록
하는 행동을 의미하며, 부하의 입장에서는 임파워먼트됐다는 것은 부하가
자신의 능력에 대한 강한 자신감과 신념을 갖게 됨을 뜻한다.

(2) 내적 직무동기(intrinsic task motivation)

Thomas와 Velthouse는 임파워먼트의 인지적 요소로서 과업수행에 대
한 자신감(self-efficacy)을 "내적 직무동기(intrinsic task motivation)로

―――――――――――――――――――
72) J. A. Conger and R. N. Knungo, *op. cit.*, p.475.

확장시켜 임파워먼트는 권한을 부여하는 것이 아니라 더 나아가 개개
인의 역량(capacity)과 에너지(energy)를 극대화시키는 것이다"라고 언급
했다.[73] 또한 이들은 3가지 측면에서 기존 임파워먼트의 개념을 동기
부여 개념으로 확장시켰는데, 그 내용을 보면 다음과 같다.

첫째, Conger와 Kanungo가 임파워먼트를 자신감(self-efficacy)으로 언
급했다면 이들은 내적 과업동기(intrinsic task motivation)를 임파워먼트라
고 하였다. 둘째, 과업수행 자신감을 4가지 과업측정(task assessment), 즉
영향력(impact), 능력(competence), 의미감(meaningfulness), 선택(choice)으
로 세분화시켰다.

셋째, 구성원이 과업을 측정하고 인지적으로 해석하는 과정(interpretive
process)에서의 동기부여적 지각상태를 강조하고 있다.

또한 Spreitzer은 심리학적 측면에서의 임파워먼트를 구분하였는데, 내
적 직무동기, 즉 직무에 대해 느끼는 역할 영향력(impact), 역할 수행 능력
(competence), 역할 의미감(meaningfulness), 자기 결단력(self-determi-
nation)의 정도를 증진시키는 과정으로 파악하였다.[74] Spreitzer이 제시한
임파워먼트의 개념을 보면[75] 다음과 같이 각 개인이 직무를 수행할 때나
기타 생활 전반(global)에 걸쳐 지향하는 4가지 인지적 개념으로 나타낼
수 있다.

① 역할 의미감(meaningfulness): 자신의 이상과 기준에 비추어 판
단된 작업 목표가 얼마나 가치가 있는가를 나타내는 것으로 직무상의
자신의 역할과 개인의 신념, 가치관, 행위상의 합의가 요구된다.

---

73) K. W. Thomas and B.A. Velthouse, *op. cit.*, 1990, pp.666-681
74) G. M. Spreitzer, "Social Structural characteristics of Psychological
    Empowerment", *Academy of Management Journal,* Vol.39, 1996, pp.483-504.
75) G. M. Spretizer, *op. cit.*, pp.1442-1465.

② 역할 수행 능력(competence): 능력, 자신감(self-efficacy)으로 숙련된 자신의 기술로서 수행할 수 있다는 자신의 능력에 대한 믿음이나 신념을 말하며, 이는 모든 면에서의 유능감이 적용되기도 하며, 특히 직무나 자신의 역할상에서의 신념 등을 의미한다.

③ 역할 영향력(impact): 각 개인이 직무운영상의 결과들이나 전략 수립, 관리상에 영향을 줄 수 있다고 믿는 정도를 말하며 영향력은 만성화된 무력감(learned helplessness)과 상반된 개념이라고 할 수 있다.

④ 자기 결단력(self-determination): 개인의 능력이 숙달된 상황에서 개인이 행동을 규제하고 독자적으로 선택을 할 수 있는 개인의 감각을 의미한다.

Shaw는 행동능력(capacity to act)의 심리적 측면에서 임파워먼트를 언급했다. 그에 따르면 심리적 측면에서의 행동능력이란 문제가 발생한 경우 이를 신속하고, 적극적으로 해결할 수 있고, 지나친 노력의 낭비를 하지 않으며, 상사의 도움 없이 이를 해결할 수 있다고 느끼는 정도를 의미하는 것으로 임파워먼트를 저해하는 요인들을 제거함으로써, 행동능력을 강화시킨다고 설명하고 있다.[76] 따라서 그가 주장한 임파워먼트란 심리적 행동능력을 증진시키는 과정으로 볼 수 있다.

지금까지 살펴본 용어의 정의는 각 분야, 연구가, 학자들에 의해 임파워먼트란 용어의 정의가 다양하게 정의되고 있지만 모든 정의들은 다음과 같은 공통점을 가지고 있다.

첫째, 임파워먼트를 언급한 학자들은 구성원 개인들이 의도적으로 몰입하고 높은 에너지(high energy)의 역량(capacity)을 갖고 있다고 믿도

---

76) R. B. Shaw, D. A. Nadler and M. S. Gerstine, *Organization Architecture,* New York: Jossey-Bass, 1992, pp.155-175.

록 만드는 행위 지향성(action orientation)을 띠고 있다는 것이다. 둘째, 임파워먼트는 행위를 위한(to act) 권한을 개인에게 준다는 것이다. 결국 임파워먼트란 권한위임 및 의사소통, 신뢰형성의 방법과 구성원들의 스스로의 노력을 통하여 파워가 부여, 증진되고 그 결과 어떤 일이나 자신의 역할에서 개인적 파워(power)와 자긍심(self-esteem)에 대한 내재적 신념과 동기부여가 증가된 상태라고 할 수 있다. Liden과 Arad는 임파워먼트를 Thomas와 Velthouse가 구분한 심리학적 측면의 내재적 과업동기(선택, 의미감, 영향력, 능력)들을 파워의 획득과 행사 과정에서의 잠재적 요인으로 적용하였는데, 이는 심리적 측면과 파워 측면의 통합적인 임파워먼트의 개념을 나타낸 것이라 할 수 있다.77)

임파워먼트라는 개념을 하나로 개념화하는 것은 사실상 불가능하다. 이는 임파워먼트의 속성에서 비롯되는 것이다. 따라서 임파워먼트를 잠재적 변수(Latent Variable)로 제시한 Thomas와 Velthouse가 이를 측정하여 그 구성개념 타당성을 입증한 Spretizer의 정의에 따라 내린 임파워먼트의 정의는 다음과 같다. "개인 임파워먼트란 개인의 과업역할에 대한 인지, 즉 과업 의미성, 역할 수행 능력, 자기 결정력의 인지적인 요소의 집합으로서, 개인의 내재적인 과업모티베이션을 증진하도록 파워를 증대시키는 개인의 심리적인 과정이다."라는 임파워먼트의 정의는 시사하는 바가 크다.

2. 임파워먼트와 타 개념들과의 관계

이러한 경영학적 의미에서의 임파워먼트는 대체로 다음과 같은 타

---

77) R. C. Liden and S. Arad, "A Power Perspective of Empowerment and Work Groups: Implications for Human Resources Management", *Research in Personnel and Human Resources Management,* Vol.14, 1996, pp.205-251.

개념들과 관계를 갖고 있다고 볼 수 있다.[78]

첫째, 권한위양(delegation)이다. 권한위양이란 상위자로부터 업무와 그에 상응한 권한이 부여되는 것을 말한다. 즉 권한의 양을 많이 지닌 상급자가 권한의 양이 적은 하급자에게로 뭔가를 허용 또는 허락하는 것이다. 그러나 임파워먼트는 위임을 통해서 일어나는 것이 아니라 조직구성원이 지니고 있는 파워를 신뢰하는 것에서부터 출발한다. 즉 신뢰를 바탕으로 조직구성원이 지니고 있는 파워를 신뢰하는 것에서부터 출발한다. 즉 신뢰를 바탕으로 조직구성원의 능력과 잠재력을 키워 주는 제 방법인 것이다. 또한 뭔가 준다 혹은 허용한다 혹은 허락한다는 의미와 같이 임파워먼트를 파워의 전달로 생각할 것이 아니라 조직 내 공식적 권한과 잠재적 권한을 상하, 좌우로 자유롭게 나누어 줌으로써 조직의 모든 제약으로부터 해방시켜 주는 것이다. 따라서 컨설턴트나 조직의 일반관리자에 의해서 권한위임과 임파워먼트가 동일하게 취급되거나, 단지 임파워먼트가 오래된 내용을 새롭게 부각시킨 차원으로 간주하는 사례는 바람직하지 못한 것이다.

둘째, 동기부여(motivation)이다. 동기부여는 개인수준에서 조직의 목표를 위해 스스로 노력하도록 하는 과정을 말한다. 즉 개인에 초점을 두고 그 개인에게 동기를 부여하는 내용과 과정은 무엇인가를 연구한 것으로서 개인수준에서 그치는 개념이다. 그러나 임파워먼트는 개인수준에서 그치는 것이 아니라 과업, 업무, 성취, 상호관련성 등의 관계를 새롭게 인식함으로써 집단 및 조직의 수준에까지 개념을 확대하여 모든 수준 간의 연결 관계를 재인식하게 만드는 것이다. 즉 동기부여이론이 사람들에게 무엇을 해 줄 수 있을 것인가라는 질문에서 가장 이용가치가 높은 기여방안을 개인적 차원에서 심도 있게 분석한 것이라면, 임파워먼트는 개인과 조직 모두의 만족과 성장을 위해서 사람들의 공헌도를

---

78) 김우택, "조직구성원의 역량 제고를 위한 임파워먼트 과정에 관한 연구", 서강 대학교 대학원 박사학위논문, 1996, pp.20 - 23.

어떻게 이끌어 내어 공동으로 활용케 할 수 있을까라는 질문에 수없이 답하고, 또 묻는 등 단순히 개인의 차원을 넘어서 조직 전체에 바로 연결될 수 있는, 거시적으로 확대가 가능한 개념이다. 따라서 동기부여는 통제로부터 기인된 것이고, 개인이나 조직발전에 헌신을 필요로 하지 않는 것이라 한다면, 임파워먼트는 인간을 직접 통제하지 않고, 자율성을 부여받은 개인이 스스로 자신의 능력을 충분히 발휘하도록 하는 것이다.

결국 임파워먼트와 동기부여는 개인의 내재적 관심을 증대시켜 조직에 응용하려는 노력의 일환이라는 점과 개인수준에서 출발한 개념이라는 것에서는 두 개념이 모두 공통적이지만 조직발전을 최우선적인 목표로 하고 있는 동기부여는 개인과 조직의 공존에 기반을 두고 동시발전을 추구한다는 측면에서 차이가 있다. 즉 수동적인 자세를 좋아하는 사람을 제외한, 임파워되기를 원하는 사람만이 임파워먼트의 실제성과 부합될 수 있다.

셋째, 조직개발(organization development)이다. 조직개발은 조직의 입장이 우선적으로 고려되어 개인을 개발시키고, 개인을 조직의 목표와 결부시키고 있다. 즉 조직의 입장을 중심으로 개인의 잠재력을 개발하거나 개인의 목표를 조직의 목표와 결부시키고 있다. 그러나 임파워먼트는 개인의 수준에서 점차 집단의 수준으로 확대되면서 개인개발과 조직목표 달성에 결부되도록 한다. 따라서 조직의 발전이 우선하는 수준에서의 동기부여적 내용과 개인의 자유가치를 출발점으로 하여 개인발전이 곧 조직의 발전을 유도, 확대시킨다는 임파워먼트의 내용은 명확히 다르다.

넷째, 학습(learning)과 변형(transformation)이다. 임파워먼트는 학습이나 변형과 배타적으로 존재하는 개념이 아니다. 즉 학습과 변형 그리고 임파워먼트는 모두 추구하는 영역, 목적이 공유되고 있으며, 상호 결정관계에 있다. 이것은 계속적으로 역량을 증대, 강화하기 위해서 학습이 필요하고, 개인수준이 조직수준으로 변형이 가능하도록 학습이 필수요건이 되어야 함을 내포하고 있다. 만약 변형의 과정이 여러 번 반복된다면 학습과 임파워먼트는 지속적으로 발생 가능해진다고 하여 상호 연관된 개념인 것으로 받아들일 필요가 있다. 결국 임파워먼트는 학습, 변형과 서로 무관한 배타적 개념으로 취급될 수 없는 것이다.

다섯째, 참여(participation)이다. 참여는 개인 자신에 영향을 미치는 제도, 프로그램, 환경에 있어서 의사결정에 개입하는 과정을 의미한다. 즉 참여는 자신에게 미칠 영향을 고려하여 다른 사람에게 도움을 요청하는 의미를 내포하고 있다. 그러나 임파워먼트는 자조하도록 하는 의미를 내포함으로써 임파워먼트가 실행되도록 하기 위해 수반되어야 할 하나의 과정이 참여인 것이다. 따라서 참여는 임파워먼트를 성취하기 위한 방향으로 접근된 하나의 방법일 뿐이다. 그러나 만약 임파워먼트를 참여로 간주할 경우에는 "경영자의 파워가 계속해서 복제되고 있다"는 식의 내용으로 임파워먼트의 의미가 변질된다. 결국 임파워먼트는 하나의 프로세스를 전제로 하는 개념이며, 권한이양이나 참여와 같은 복제수준을 넘어서는 개념이다.

이상으로 임파워먼트란 조직 내 구성원들 간에 권한이 상하, 좌우로 자유롭게 흐르도록 하며, 개인 차원에서의 동기부여를 넘어서 과업, 업무, 성취, 상호관련성에 대한 인식을 고조시키면서 개인수준에서 점차 확대되어 개인개발과 조직의 목표달성까지 동시에 이룩하도록 하는 다수준의 광범위한 개념으로서 참여를 하나의 접근방법으로 하며, 학습, 변형이라는 의미와 공존하는 개념임을 알 수 있다. 따라서 임파워먼트는 위의 모든 개념을 총화한 시너지 개념을 도입한 개념이다.

3. 임파워먼트의 목표 및 방법

Thomas와 Velthouse는 임파워먼트란 다양한 내용으로 구성되었기에,

그 본질은 단일관점에서 파악하기란 어렵다고 했는데[79] 임파워먼트에
대한 내용, 방법 등의 접근에 있어서 초점을 어디에 두고 설명하느냐에
따라 상당히 다양하게 해석될 수 있기 때문이다. 먼저 임파워먼트에 대
한 내용적인 측면을 보면 기업 내 구성원의 역량을 키우고 최대한 활
용, 활성화, 동력화(harness), 확산한다는 것이며, 목표 차원에서는 수동
적, 상황 적응적 관리보다는 능동적, 상황 창조적 경영, 즉 자율경영과
창조경영을 추구하여 조직성과를 지속적으로 증진시킨다는 것이다. 그
방법에는 여러 가지가 있을 수 있는데(예컨대 자긍심 증진, 대인관계
능력개발, 집단 의사결정 능력개발, 민주적 의사결정 실시, 자율관리팀
형성 등), 그중에 하나가 하급자에게 권한을 위임하고 통제를 스스로
할 수 있도록 해 주는 것으로서 이는 더욱 신속한 의사결정이 이루어
져 고객만족이 증진되도록 하는 것이다.[80] 여기서 권한위임이란 파워를
지닌 사람이 파워를 잃는 것도 주는 것도 아닌 파워를 풀어 주고 증가
시켜 주는 것이다.[81] 또한 임파워먼트는 위임을 통해서 일어나는 것이
아니라, 조직구성원이 지니고 있는 파워를 신뢰하는 데서 출발한다. 즉
신뢰를 바탕으로 구성원의 능력과 잠재력을 키워 주는 방법이다.[82] 임
파워먼트의 목표는 파워를 주는 것이 아니라 자유를 주는 것이다. 조직
구성원을 진보적이고 책임성 있는 행동을 어렵게 만드는 조직의 제약
으로부터 해방시키는 것이며, 구성원들의 파워를 늘리는 것이 아니라
그들이 가지고 있는 지식과 의욕을 펼치도록 해 주는 것이다.
Kinlaw(1995)는 기업이 주도권을 가지고 임파워먼트를 강화시키는 방법
으로 다음 <그림 Ⅱ-4>의 세부과정들을 반복하여야 조직이 개선되고

---

79) K. W. Thomas and B. A. Velthouse, *op. cit.,* pp.666-667.
80) 박원우, 전게서, p.123.
81) 박원우, "Empowerment: 파워다툼에서 파워증대와 사고전환", 서울대학교 노사
　　관계연구, 제13호, 1992, pp.197-210.
82) R. Boren, "Don't Delegate-Empowerment", *Supervisory Management,* 1994,
　　p.10.

성장을 가져온다고 주장하고 있다.[83]

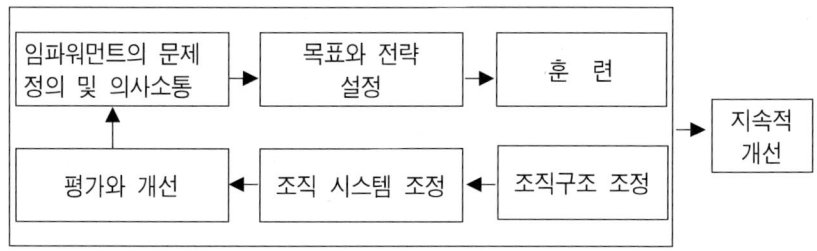

자료: 박원우, "임파워먼트: 개념정립 및 실천방법 모색", 경영학연구 제26권 제
1호, 1997, p.132.

〈그림 Ⅱ-4〉 Kinlaw의 임파워먼트 실천과정

이상 언급한 임파워먼트의 목표와 방법을 간략히 정리하면 다음 <표
Ⅱ-8>과 같다.

〈표 Ⅱ-8〉 임파워먼트의 다양한 해석

목 표	능동, 자율, 창조경영	-수동적, 상황적응적 관리(reactive)를 지양하고 능동적, 상황창조적 관리를 추구. -임파워된 사람은 수동적 삶을 살지 않고, 능동적 / 공격 적 / 적극적(목표설정, 목표추구)인 삶을 살아감 -조직의 지속적인 성장을 추구.
방 법 (중 하나)	권한이전 (권한이양)	-위임을 넘어서 가장 효과적으로 파워가 쓰이는 곳에 실 질적으로 파워를 부여하는 것. -파워를 잃는 것도 주는 것도 아니고, 파워를 풀어 주고 키워 주는 것.

---

83) D. C. Knilaw, *The Practice of Empowerment*. Hampshire, England, Gower,
1995.

4. 임파워먼트의 수준 및 과정

임파워먼트가 다양하게 해석되는 것은 또한 임파워먼트가 다양한 범위에 걸쳐 이루어지기 때문이다. 임파워먼트의 분석수준은 개인수준(Micro), 집단수준(Meso), 조직수준(Macro)으로 구분할 수 있다.[84]

<표 Ⅱ-9> 임파워먼트의 범위

개 인 임파워먼트	-개인의 자기자긍심 증진 -개인의 사고 변화와 역량 증대	*micro* *임파워먼트*		
집 단 임파워먼트	-역량 확산(타인의 역량 증대) -권한이전과 관계 증진		*meso* *임파워먼트*	
조 직 임파워먼트	-집단 임파워먼트의 조직 확산 -제도 / 구조 변화를 통한 임파 워먼트의 의향과 행동 정착			*macro* *임파워먼트*

자료: 박원우, "Empowerment와 기업문화, 기업문화의 새로운 방향 모색을 위한 심포지엄: 자율과 혁신의 기업문화", 삼성정신문화 연구소, 1995, p.93.

1) 개인 임파워먼트

임파워먼트는 고객을 만족시키기 위하여 필요한 자리나 사람의 파워를 키우는 것이다. 그리하여 구성원들이 신나게 자기 일에 몰입하게 할 수 있다. 조직 내에 임파워먼트가 있기 위해서는 구성원 개개인의 파워 증진이 우선 일어나야 한다. 남에게 파워를 키워 주거나 자신의 것을 능동적으로 남에게 이전시키려면 우선 자신에게 파워가 있어야 하며, 타인 신뢰감을 자기 내부에 키워야 하고, 이를 위해서는 우선 자기 자신을 긍정적으로 생각하고 신뢰하는 자긍심(self-esteem)이 커야 한다. 이것이 바로 자기 임파워먼트이다.[85] 개인수준에서의 임파워는 전체 임

---

84) D. Eylon, *Empowerment: A Multi-Level process,* Dissertation, The University of British Columbia, 1993.

파워먼트의 과정의 출발점이라 할 수 있다.

2) 집단, 조직 임파워먼트

자기 임파워먼트를 기반으로 타인의 임파워먼트까지 증가시키는 것이 집단(group) 임파워먼트이다.[86] 여기서는 파워의 이동, 확산이 조직 내의 상급자로부터 하급자로만 이루어지는 것(top-down식)이 아니라 수평과 수직의 어느 쪽에서도 먼저 시작될 수 있다.[87] 그런데 자기 임파워먼트와 집단 임파워먼트를 잘하려면 조직의 제도나 구조에 의해 적극적으로 뒷받침되어야 조직 전체가 능동적으로 경영될 수 있다. 개별 구성원이나 집단의 임파워먼트 의향과 행동이 조직의 제도나 구조에 의해 제약을 받는다면 임파워먼트는 성공할 수 없다. 따라서 집단 임파워먼트가 조직 전반에 걸쳐 확산되기 위해서는 효율적인 리더십과 조직의 제도, 구조(나아가 문화)의 변화를 통한 임파워먼트의 의향이나 행동을 정착해야 하며, 이를 조직 임파워먼트(organization empowerment)라고 할 수 있다. 집단 임파워먼트가 임파워먼트의 핵심으로 다루어지는 것은 그 과정상 구성원 간의 상호작용을 강조하고 있기 때문이다. 지금까지 강조되었듯이 임파워먼트는 파워의 시너지 효과를 추구하는 것으로 파워의 분배보다는 증대에 초점을 둔다. 따라서 임파워먼트의 개념은 우리 스스로 각자의 파워를 키울 수도 있고, 타인에게 영향을 줄 수도 있지만, 대체로 우리와 타인의 상호작용을 통해 양측 모두의 파워가 커지는 것을 의미한다. 그 결과 임파워먼트에는 자기개발을 통해 자기 자신을 임파워하는 측면(self-empowerment)도 있지만 그보다도 타인과의 상호작용을 통해 추가적인

---

85) R. E. Coeffy and C. W. Cook, *Management and Organization Behavior,* Phillip Lo Hunsaker Austen Press, 1995, pp.150-157.

86) 박원우, "임파워먼트: 개념정립 및 실천방법 모색", 경영학연구 제26권 제1호, 한국경영학회, 1997, pp.115-138.

87) R. E. Coeffy and C.W. Cook, *Ibid.*, pp.150 157.

파워를 창조하는 측면(interactive empowerment)이 더 강조되고 있다.[88] 더욱이 리더와 구성원 간의 관계에서 구성원의 임파워먼트를 향상시키기 위한 리더의 역할이나 위치는 관리자나 통제자 입장보다 멘토나 촉진자로서 집단 임파워먼트상에 있어서 가장 중요한 요인이라고 할 수 있다.

임파워먼트는 개인단위에서 출발하여 집단단위를 거쳐 조직단위에까지 연결되는 개념이다. 즉 개인단위에서 개인 임파워먼트를 통하여 임파워된 개인 자신의 파워나 동기부여를 활용하여 타인의 파워증진을 추구하면(임파워시키는 사람을(empowering person), 임파워된 사람을(empowered person)) 집단 임파워가 발생하고, 나아가 조직 차원에서 임파워먼트가 발생하여 결과적으로 변혁이 일어나고 조직이 지속적으로 성장하게 되는 것이라고 할 수 있다. 임파워먼트 과정은 임파워먼트의 범위를 어디에 두느냐에 따라 차이가 발생할 수 있다. 개인 차원에서는 조직구성원이 어떠한 심리적, 인지적 과정을 통해서 임파워먼트되는가에 초점을 두었고, 집단 차원에서는 대인관계를 기초로 조직구성원들을 임파워시켜 시너지 효과를 유발하여 조직 차원의 임파워먼트의 과정을 전개시키는 것에 중점을 두었다. Riden과 Arad(1996)에 의한 파워와 임파워먼트의 복합적 개념은 조직 내 개인과 집단 그리고 조직 내의 상황변수들과 상호작용을 통한 심리적 인지 및 파워의 행사 과정에 역점을 둔 것이라고 할 수 있다.

(1) 심리적 지각과정

Conger와 Kanungo는 심리적 차원에서 임파워먼트 과정을 다음의 <그림 Ⅱ-5>와 같이 설명하고 있다.

---

88) 박원우, 전게논문.

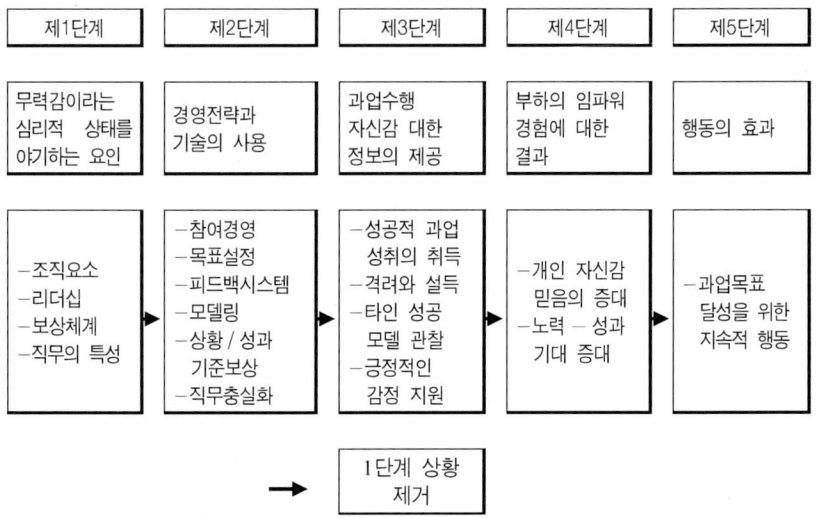

자료: J. A. Conger, R. N. Kanungo, "The empowerment process: Integrating theory and practice", *Academy of Management Review*, 1988, Vol.13, No.3, p.475.

〈그림 Ⅱ-5〉 Conger와 Kanungo의 임파워먼트 과정

이들은 임파워먼트시키는 과정을 무력감에 빠진 구성원들을 조직 내 무력감을 야기하는 심리적 변수들을 제거하고 역할 수행 능력을 구성원들에게 줌으로써 조직 내 퍼져 있는 무력감을 해소시키는 과정으로 이해하고 있다. 조직구성원들의 심리적 상태를 저해하는 요인인 조직변수, 리더십 변수, 보상체계, 직무설계 특성으로 나열하였다. 조직변수로는 모험적인 사업의 착수, 경쟁압력, 비인간적인 관료제도 환경, 원활치 못한 의사소통 등을 들었으며, 리더십 변수로는 전제형의 리더형, 행동 결과의 합리성이 결여된 리더형 등을, 보상체계로는 임의의 보너스 부재, 보수에 비해 받은 인센티브 가치, 능력주의 보상의 결여 등을 열거하였고, 직무설계 특성으로는 역할의 불명료, 훈련과 기술자원의 부족, 직무의 다양성 결여, 철저한 규칙과 명령, 상사와의 제한된 접촉을 들

고 있다. 이러한 저해요인을 조직 내에서 파악하게 되면 경영전략과 기
술을 활용하여 이를 극복하는 단계를 거치게 된다. 즉 조직 내에서 파
악하게 되면, 참여경영, 목표설정, 피드백 시스템, 모델링, 능력급 보수,
상황·성과에 근거한 보상, 직무충실화 등의 경영전략과 기법 등을 이
용하여 조직구성원들을 무력하게 만드는 심리적인 요인들을 제거해 나
가게 된다. 이러한 경영기법과 전략을 실시하면서 또한 조직구성원들의
역할 수행 능력을 높일 수 있는 정보를 제공하는 과정을 밟는다. 다시
말해 무력감을 제거하면서 역할 수행 능력을 높이기 위해 노력해야 하
는데, Bandura가 제시한 방법으로 성공적인 역할성취의 실제 취득, 격
려와 설득, 타인 성공모델 관찰, 긍정적인 감정지원 등을 들 수 있
다.[89] 즉 조직구성원들의 여건과 상황이 비슷한 우수사원의 성공사례나
모범적인 인재상을 제시하여 주거나 조직구성원들의 상담, 강의 등의
언어적 수단을 통해 설득하여 그들도 할 수 있다는 자신감을 부여해
주고, 스트레스, 부담감, 불안감 등에 대해 관리할 수 있는 정보를 제
공하는 등의 방법을 통해 무력감이 제거되면 구성원들은 자신감이 높
아지고 노력-성과 간의 기대가 높아져 목표달성을 위해 지속적인 행
동을 유발할 수 있기 때문이다.

(2) 내적 직무동기의 인지과정

Thomas와 Velthouse는 내적 직무동기를 임파워먼트의 인지적 요소 중
에 하나로 설정하여 조직구성원들이 어떻게 인지적으로 임파워먼트되어
가는지에 대해 연구했다. 이 모델은 자극(stimulus), 인지(organism), 행동
(behavior), 결과(consequence)의 사회학습 결과 모델(S-O-B-C)의 원
리를 사용하여, 결과와 자극은 환경적 요소로 단층화시키고, 개인의 내
적인지, 즉 인지 부분을 확대시킨 모델이다. 조직구성원들이 인지적으로

---

89) A. Bandura, "Self-Efficacy Mechanism in Hiuman Ageney", *American Psychologist,* Vol.37, 1982, pp.122-147.

임파워먼트되어 가는 과정을 <그림 Ⅱ-6>에서와 같이 설명하고 있다. 즉 조직구성원들이 직무에 대해 느끼는 인지구조는 조직의 매개요인, 환경적 요인, 해석스타일, 전반적 평가에 의해 영향을 받아 직무에 대해 영향력(impact), 능력(competence), 중요성(meaningfulness), 선택(choice) 측면에서 인지적으로 평가하게 된다. 이렇게 평가함으로써 직무에 대한 인지 정도가 파악되어 ― 즉 내적 직무동기에 영향을 주어 ― 실천, 집중, 솔선, 탄력성, 유연성 등의 행동이 유도된다는 것이다. 여기서 환경적 요소는 개인에게 행동에 따르는 결과에 대한 정보, 장래 행동과 관련된 상황 및 사건들에 대한 정보를 제공하여, 조직구성원들이 직무에 대해 인지적으로 평가하는 데 영향을 주는 것들이며, 매개요인은 환경적 요소들에 변화를 가하기 때문에 개인적 직무평가를 줄 뿐 아니라 환경적 요소들은 해석하는 개인적 스타일의 변화를 가져다주는 역할을 하고 있다.

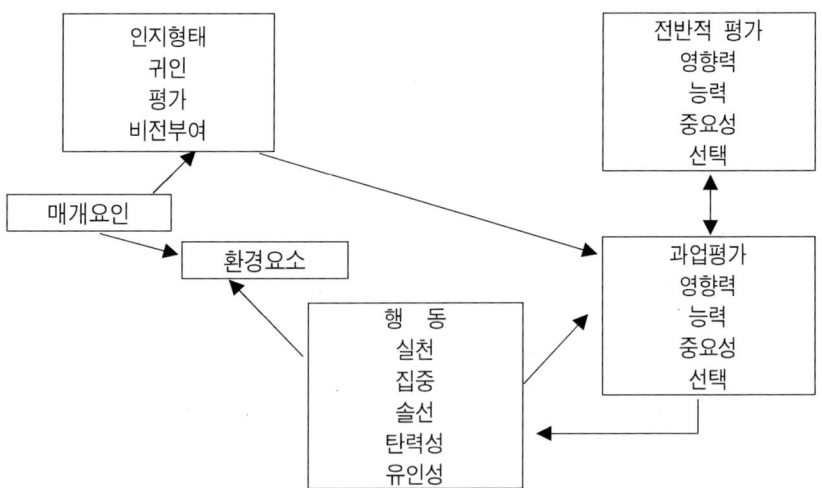

자료: K. W. Thomas, B. A. Velthous, "Cognitive element's of Empowerment: An Interpretive Model of Intrinsic Task Motivation", *Academy of Management Review,* Vol.15, 1990, No.4, pp.670.

<그림 Ⅱ-6> Thomas와 Velthouse의 임파워먼트 과정

(3) 파워·임파워먼트의 통합과정

Liden과 Arad는 내재적 모티베이션을 바탕으로 한 심리학적 측면의 임파워먼트 개념과 개인, 집단, 조직 등의 사회구조적 상황요인들과의 상호작용을 통한 파워획득, 행사 과정을 서술하였다. 즉 그들은 Thomas와 Velthouse의 증가된 내재적 동기상의 4가지 동기부여적 임파워먼트 개념들(능력, 영향력, 선택, 의미감)을 파워로 획득하고 행사하는 과정에서 심리적으로 소유하게 되는 내재적 변수로 간주하여 파워와 임파워먼트 개념의 통합적인 접근을 시도하였다.90) Thomas와 Velthouse의 임파워먼트의 하위개념인 선택은 파워잠재를 위한 핵심요인으로, 수행능력은 선택을 위한 선행요인으로, 영향력과 의미감은 선택의 결과로서 간주한 것이 핵심적인 내용이다.91) 특히 선택은 개인의 전문성과 구조적 차원에서 안정된 책임감을 부여받음으로써 자신감(self-efficacy)이 생기고 상호작용이 이루어져 발생한다고 본다. 또한 개인, 집단특성(예컨대, 지식, 전문성 등)은 능력과 일치하고, 의미감이나 영향력은 다른 집단, 사람들과의 상호작용에 의해 결정된다고 하였다. 여기서 능력은 파워 획득을 위한 잠재요인이며, 영향력은 파워의 활용을 의미한다. 심리학적 측면의 임파워먼트 요인들과 사회구조적 요인들 간의 상호관계를 통한 파워의 재분배 과정을 살펴보면 <그림 Ⅱ-7>과 같다.

---

90) R. C. Liden and S. Arad, *op. cit.*, 1996.
91) R. C. Liden and T. W. Tewksbury, *Handbook of Human Resource Management,* Oxford: Blackwell Publishers, 1995, pp.386-403.

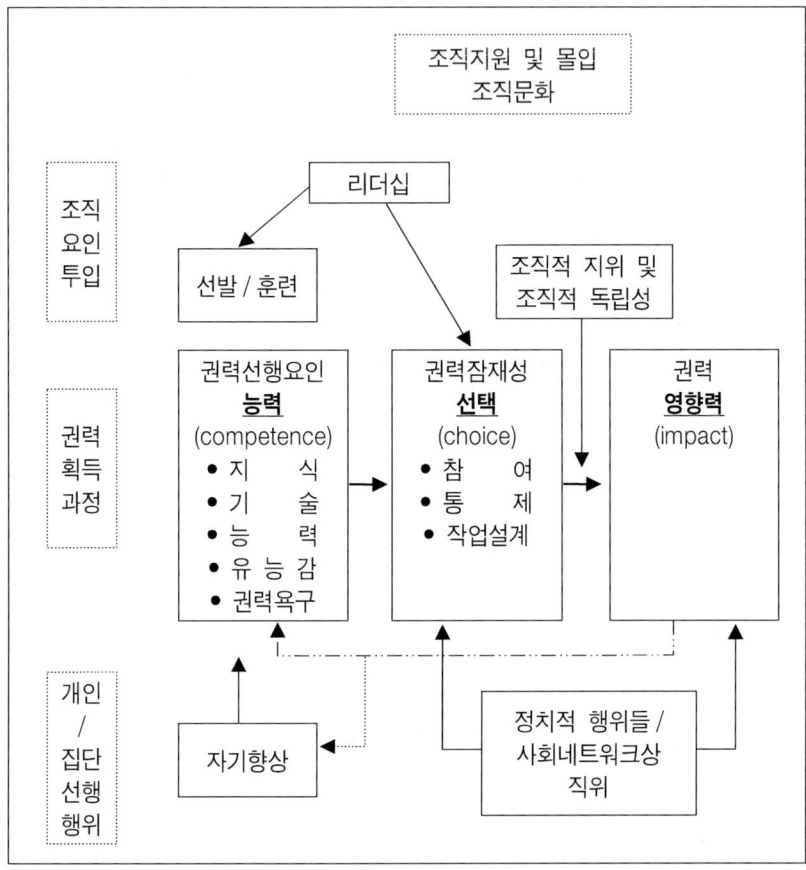

자료: R. C. Liden, S. Arad, "A Power Perspective of Empowerment and Work Groups: Implications for Human Resources Management", *Research in Personnel and Human Resources Management*, Vol.14, 1996, p.210.

〈그림 Ⅱ-7〉 작업집단 및 임파워먼트 관점의 권력

위 모델은 심리학적 특성의 임파워먼트 요인들을 파워 획득, 활용에 있어서 선행 및 잠재, 활용요인으로 적용시켰으며, 또한 이들이 개인, 집단, 조직적 상황의 사회구조적 변수들과의 상호작용을 통해 파워를 행사하는 과정을 설명하고 있다. 임파워먼트 및 파워 확보 및 행사 과정에 영향을 주는 개인, 집단, 조직 차원의 요소들을 살펴보면 다음과 같다.

〈표 Ⅱ-10〉 개인, 집단 파워 확보 요소

분석수준	파워 선행 요건	파워 잠재(내재)	파워
개인차원	개인적 특성 -지식, 기술, 능력, 전문성, 자기 유능감, 권력에 대한 욕구	개인적 선택(choice) -참여, 인사통제, 직무설계	영향력
작업집단	집단특성 -집단의 구성, 의사소통 기술, 대인관계 기술, 팀 리더십 기술응집성, 집단-에피커시, 권력욕구에 대한 집단욕구	집단선택 -참여, 집단통제, 반자율작업집 단(semi-autonomous- design)	영향력

(4) 조직단위, 임파워먼트 과정

Conger와 Kanungo가 개인 차원에서 집중하여 임파워먼트의 과정을 살펴본 것에 비해 Vogt와 Murrell은 자기에서 조직으로 확대하여 임파워먼트의 과정을 설명하였다.[92] <그림 Ⅱ-8>에서 보듯이 임파워먼트 과정은 개인 및 조직에 대한 신뢰를 키우는 질문과 경청, 격려 등을 자유롭게 할 수 있는 커뮤니케이션 시스템 아래에서 출발한다고 보았다. 이러한 분위기 속에서 각 사람이 진정한 자아를 표현하고, 피드백을 받아들이는 기회를 가지게 되고 개인은 임파워먼트된다고 설명하고 있다. 이렇게 임파워먼트된 각 구성원들은 기꺼이 조직목표에 몰입하게 되어 기술, 전문지식, 자기관리 능력을 팀워크와 질적인 향상을 유도하여 결국, 조직의 활성화를 가져온다는 것이다. 여기서 조직의 활성화란 생산성, 수익성의 전통적 범주뿐 아니라 개인과 조직의 향상을 유도하는 인간적, 윤리적 가치를 포함하는 것이다.

---

92) I. F. Vogt and K. L. Murrell, *op. cit*, p.69.

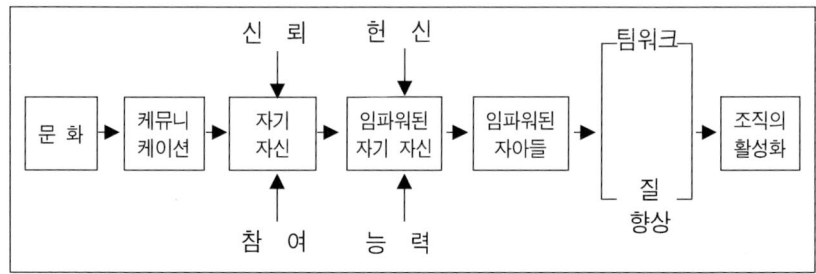

자료: J. F. Vogt and K. L. Murrell, "Empowerment in organizations: How to Speak Exceptional Performance", Pfeffer & Company, 1990, p.69.

〈그림 Ⅱ-8〉 Vogt와 Murrell의 임파워먼트 과정 모형

이상 임파워먼트에 대한 의미, 내용 목표, 과정들을 살펴보았다. 서술한 바와 같이 임파워먼트는 크게 권력관점에서의 권한이나 통제의 위임 등의 관점과 심리적, 동기부여적 관점에서 고찰할 수 있고, 임파워먼트의 개념은 파워의 재분배에서 동기부여와 심리적 측면의 개념으로 전개되고 있음을 알 수 있다. 조직구성원들의 임파워먼트 제고가 절실히 요구되고 있는 현 상황에서 이에 영향을 주는 많은 요인들이 존재하지만, 이러한 요인들 중에 구성원들을 내재적으로 고양시키고, 동기화시키기 위한 가장 적합한 요인으로서는 리더십을 언급할 수 있으며, 변혁적 리더십의 속성은 부하들의 심리적 임파워먼트를 제고시키는 요인들을 포함하고 있다고 할 수 있다.

제3절 조직몰입에 대한 이론적 고찰

1. 조직몰입의 개념

조직몰입(organizational commitment)은 자기가 속한 조직에 대해 동일시(identification)·몰입(involvement)·일체감·애착심을 나타내 주는 것으로 조직이 추구하는 목표나 가치에 대한 강한 신뢰와 수용·조직을 위해 애쓰려는 의사·조직의 구성원으로 남아 있으려는 강한 의지를 담고 있다. 이런 의미에서 조직몰입은 조직에 대한 단순한 충성심과는 다르다.[93] 또한 조직몰입은 일종의 태도라는 점에서 직무만족과 유사하지만, 직무만족은 직무나 직무의 어떤 측면에 대한 반응으로 직무환경변화에 따라 직무만족수준이 변화함에 비하여, 조직몰입은 조직 전체에 대한 개인의 감정을 반영하는 포괄적인 개념으로 쉽게 변하지 않는다는 점에서 차이가 있다. 조직몰입은 자발적인 심리상태로 보는 관점과 좋은 조건이 있더라도 이직하지 않겠다는 계산된 관점 모두를 포용하고 있다.[94] 조직몰입에 영향을 주는 요인들은 다음과 같다.

1) 개인적 요인: 연령이 많고 근무 기간이 길수록 몰입도가 높다. 고학력일수록 몰입도가 떨어진다.

2) 직무 관련 특성: 직무충실화가 이룩된 직무를 맡고 있는 종업원일수록 몰입도가 높다. 역할갈등과 모호성이 적은 직무를 맡고 있는 종업원들이 높은 몰입도를 보이고 있다.

3) 구조적 특성: 분권화된 조직이나 근로자 소유의 협동체에서 일하

---

93) 양창삼, 「조직이론」, 박영사, 1997, pp.693－695.
94) K. R. Ferris and N. Aranya, "A Comparison of Two Organizational Commitment Scales", *Personnel Psychology,* 1983, Vol.36, pp.112－123.

는 종업원일수록 몰입도가 높다.

4) 작업경험: 일련의 작업경험이 몰입도와 연관이 있음이 밝혀지고
있다. 예컨대 조직이 종업원의 복지에 관심이 있다고 느낄 때, 자기 직
무가 조직에 아주 중요하다고 생각할 때, 종업원들이 조직 활동에 깊이
몰입되어 있을 때, 종업원의 기대가 직무를 통해 충족되고 있다고 느낄
때 조직몰입이 크다는 것이다. 조직몰입을 증대시키기 위해서는 조직이
개인으로 하여금 의미 있는 목표를 성취할 수 있는 기회를 가지도록
고려하고, 자율성과 책임감을 갖도록 직무를 수정하며, 종업원의 복지
에 관심을 가져야 한다.

2. 조직몰입의 유형

조직몰입에 대해 Becker은 사람들이 특정 조직에 투자를 많이 한 까
닭에 투입된 비용의 박탈을 두려워하여 관심을 가지고 어떤 행위를 지
속하려는 현상으로 정의하고 있으며,[95] Kanter은 조직몰입을 개인이 어
떤 사회조직의 구성원으로서의 자격을 유지하기 위해 요구되는 사회질
서를 지지하는 행동으로 나타나는 의존관계라고 정의하면서 조직을 위
해 에너지와 충성심을 바칠 의사로 보고 있다.[96]

같은 맥락에서 Porter, Steers, Mowday, Boulin은 다음과 같은 세 가
지 요소가 조직몰입에 내포되어 있다고 본다. 첫째, 조직이 추구하는
목표나 가치에 대한 강한 신뢰와 수용, 둘째, 조직을 위하여 애쓰려는
의지, 셋째, 조직의 구성원으로 남아 있으려는 강한 의욕 등이다.[97] 이

---

95) H. S. Becker, *op. cit.*, pp.32 – 33.

96) R. M. Kanter, "Commitment and Social Organization: A Study of
  Commitment Mechanisms in Utopian Communists", *American Sociological
  Review,* Vol.33, 1968, pp.499 – 517.

97) L. W. Porter, R. M. Steers, R. T. Mowday and P. V. Boulin, "Organizational

러한 정의는 조직에 대한 개인의 단순한 충성심만을 포함하는 것이 아니라 조직의 성장을 위해 개인의 희생을 감수할 수 있는 개인과 조직 간의 능동적 관계(active relationship)를 포함하고 있다.[98]

Meyer와 Allen은 조직몰입을 감정적(affective) 몰입, 유지적(continuance) 몰입, 규범적(normative) 몰입 등으로 구분하고 있다. 감정적 몰입은 조직과의 가치관이 일치하기 때문에 조직에 남기를 원하는 몰입의 형태인 반면에 유지적 몰입은 조직이 주는 보상으로 인하여 조직에 남아 있기를 원하는 몰입의 형태이다. 규범적 몰입은 조직에 들어오기 이전 또는 이후에 개인이 경험한 것에 의하여 영향을 받아 개인이 형성하게 되는 의무감 때문에 조직에 남아 있게 되는 조직몰입이다.[99]

이들 각 내용을 살펴보면 다음과 같다.

① 감정적 몰입(affective commitment)은 구성원의 조직에 대한 감정적인 애착(emotional attachment), 동일화(identification), 몰입(involvement)이다. 이 형태의 몰입은 구성원들이 조직에 얼마만큼 남기를 원하느냐에 근간을 두고 있다.

② 유지적 몰입(continuance commitment)은 조직을 떠나갈 때 발생하는 비용에 관한 것 혹은 조직 내에 계속 남아 있으려면 얼마의 비용이 드는가에 관한 개념이다. 즉 조직을 떠날 때 그냥 남아 있는 것과 비교하여 기회비용(opportunity cost)에 근거한 조직몰입을 의미한다.

③ 규범적 몰입(normative commitment)은 조직과의 제휴(연계)를 의미·책임 측면에서 지각하는 것이다. 이것은 개인이 조직에 남아 있어

Commitment, Job Satisfaction and Turnover among Psychiatric Technicians", *Journal of Applied Psychology*, Vol.59, 1974, pp.603−609.

98) R. T. Mowday, R. M. Steers and L. W. Porter, "The Measurement of Organizational Commitment", *Journal of Vocational Behavior*, Vol.14, 1979, pp.224−236.

99) J. P. Meyer an N. J. Allen, "The Measurement and Antecedents of Affective, Continuance and Normative Commitment to the Organization", *Journal of Occupational Psychology*, Vol.63, 1990, p.4.

야 된다는 의무로 느끼는 정도이다.

다시 말하면 감정적 몰입은 근로자가 조직에 대한 감성적인 관계적 느낌, 긍정적인 공감대 그리고 높은 참여의식을 반영하는 정신적인 상태를 의미한다고 정의한다. 감정적 몰입은 구성원들이 회사에 대해서 느끼는 감정적인 측면에 대하여 질문함으로써 측정할 수 있다. 유지적 몰입은 감정적 몰입과 관련된 요인과 차이가 있는데, Meyer와 Allen에 의하면, 이 형태의 몰입은 현 조직을 이탈함으로써 발생된다고 지각되는 비용에 대한 의식 정도에 따라 형성된다는 것이다.100) 즉 시간이 지날수록 종업원은 조직생활에 투자한 시간과 노력이 많게 되고 조직에 남음으로써 얻게 되는 이득이 증가하거나 조직을 떠남으로써 발생하는 비용이 클 때에 조직에 보다 몰입하게 되는 것이다.101) 끝으로 규범적 몰입은 조직에 지속해서 있어야 되는 어떠한 의무감(obligation)에 의해 형성되는데 높은 수준의 규범적 몰입 상태에 있는 근로자는 그 조직에 머무르고 있는 여유가 의무감에 있다고 볼 수 있다. 그러나 규범적 몰입은 선행연구에서도 조사되었듯이 그 독립성이 분명치 않아 본 연구에서도 제외시켰다.

조직몰입(organizational commitment)에 대한 여러 학자들의 견해와 언급된 몰입변수들에 대한 내용을 정리하면 다음과 같다.

---

100) J. P. Meyer and N. J. Allen, "A Three-Component Conceptualization of Organizational Commitment", *Human Resource Management Review*, Vol.1, No.1, 1991, pp.61-89.

101) J. E. Mathieu and D. M. Zajac, "Review and Meta-Analysis of The Antecedents, Correlates, and Consequences of Organizational Commitment", *Psychological Bulletin*, Vol.108, No.2, 1990, pp.171-194.

〈표 Ⅱ-11〉 조직몰입을 개념화한 대표적인 연구

연 구	몰 입 변 수	비 교
Mowday, Steers and Poter (1979)	1. 조직의 목표 / 가치관을 받아들이는 면 2. 조직을 위하여 노력을 아끼지 않는 면 3. 조직의 구성원으로 남으려는 강한 욕구	• 2와 3은 조직몰입의 결과변수이다.(O' Reilly and Chatman) • 3은 이직의도에 관한 것으로 간주되어 1, 2가 주로 사용 • Meyer and Allen에 의하면 이는 감정적(affective) 몰입을 측정
O' Reilly and Chartman, (1984) Kelman(1958)	1. 추종(Compliance): 조직으로부터의 보상을 위해 몰입 2. 동일시(Identification): 조직에 대한 감정적 호감으로 몰입 3. 내면화(Internalization): 개인과 조직 사이의 목표 / 가치의 일치감으로 몰입	• 1은 Meyer and Allen의 유지적(continuous) 몰입과 유사 • 2는 Meyer and Allen의 감정적(affective) 몰입과 유사 • 3은 Mowday 등의 1번과 유사
Meyer and Allen (1990)	1. 감정적(affective) 몰입: 조직에 감정적으로 느끼는 심리적 애착감 2. 유지적(Continuance) 몰입: 조직에 머무름으로써 얻게 되는 이익과 조직을 떠남으로써 얻게 되는 손실을 고려하는 경제적인 측면의 몰입 3. 규범적(Normative) 몰입: 조직의 목표달성을 위하여 행동하도록 압력을 가하는 내적 규범체계	

자료: 장은미, "정규직과 임시직의 조직몰입에 관한 연구: 보험직 여직원을 대상으로", 한국인사·조직학회 1995년 춘계학술연구발표회, 1995, p.42.

제4절 변혁적 리더십, 임파워먼트, 조직몰입에 관한 선행연구

1. 변혁적 리더십과 조직몰입 간의 관계

변혁적 리더십과 조직의 성과 간의 직접적 선형관계에 대한 연구는 상당히 진전되어 있으며, 양자 간의 관계도 어느 정도 입증되었다. Bass는 미 육군 장교 및 기업체의 감독자를 대상으로 한 실증연구에서 부하에 의해 변혁적 리더십이 높게 지각되는 리더십 유효성도 높게 평가받음을 입증하였으며, 부하의 리더에 대한 만족도와 변혁적 리더십 간의 정(+)적 관계가 있음을 밝혔다. Avolio 등은 매니지먼트 게임 시 뮬레이션에서 변혁적 리더십이 높게 지각된 팀과 낮게 지각된 팀 간의 성과에 있어서 높게 지각된 팀의 성과가 상대적으로 높게 나타났다고 주장했다.[102] Harter와 Bass는 부하들에 의해 지각된 변혁적 리더십과 리더십 유효성 및 리더 만족 간에는 정(+)적인 관계가 있으며, 상사가 평가한 집단성과 및 리더성과와도 정(+)적인 관계가 있음을 밝혔다.[103]

Howell과 Frost는 144명의 대학원생들을 피험자로 하는 실험연구에서 카리스마적 리더 아래에서 일하는 피험자들이 전통적 유형의 리더―고려지향 및 구조주도 리더 아래에서 일하는 피험자들보다 높은 성과의 질, 과업만족도 그리고 낮은 역할갈등을 보인다는 것을 실증하였다.[104] Keller는 3개의 연구·개발 조직들을 대상으로 한 종단적 연구

102) B. J. Avolio and T. C. Gibbsons, Developing Transformational Leader: A life Span Approach, In J. A. Conger, R. N. Kanungo and Associates(eds.), *Charismatic Leadership*, San Fransico: Jossey-Bass, 1988, pp.276-308.

103) J. J. Hater and B. M. Bass, *op. cit.,* pp.695-702.

104) J. A. Howell and P. J. Frost, "A Laboratory Study of Charismatic Leadership",

에서 변혁적 리더십을 발휘할수록 프로젝트 질과 예산·스케줄 성과가 높아짐을 보여 주었다. 또한 본 연구에서는 연구개발집단의 직무 유형이 변혁적 리더십과 성과의 관계를 조절한다는 것을 발견하였다. 즉 변혁적 리더십은 '문제해결을 위한 새로운 지식의 창출을 위주'로 한 연구프로젝트의 성과를 '기술적 서비스와 기존 제품의 개선과 개발을 목적'으로 하는 개발프로젝트의 성과보다 더 높게 예측하였다.

변혁적 리더십과 조직유효성 간의 관계 연구는 우리나라에서도 활발히 행해지고 있는데 박혜숙(1994)은 중소기업을 대상으로 한 연구에서 변혁적 리더십과 직무만족 간에 정(+)적인 관계, 변혁적 리더십의 하위 요소 중 카리스마와 지적 자극과 정(+)적인 관계를 검증하였다.[105] 한편, 이상호와 이원우(1995)는 서울과 인근지역 경찰조직을 대상으로 한 연구에 있어서도 변혁적 리더십과 집단성과와의 관계를 밝히지는 못했지만 리더만족과 리더유효성에 긍정적 영향을 미침을 검증하였다.[106] 또한 이용택(1996)은 제조업체를 대상으로 한 연구에 있어서도 변혁적 리더십이 부하의 추가근무노력, 리더에 대한 만족도, 리더의 효과에 거래적 리더십보다 더 큰 영향을 미치는 것을 입증하였다.[107] 한편 김남현과 이주호(1997)는 변혁적 리더십-혁신 지향문화, 거래적 리더십-안전 지향문화의 적합 관계와 조직유효성 간의 관계를 연구한 결과, 기업문화와 리더십 유형 간의 적합 관계는 확인되었으나, 적합-비적합 조직과 조직유효성 간의 관계를 밝히지는 못했다.[108]

Organizational Behavior and Human Decision Process, Vol.43, 1989, pp.243 – 269.

105) 박혜숙, "변환적 및 거래적 리더십의 유효성에 관한 연구", 숙명여자대학교 대학원 박사학위논문, 1994.
106) 이상호·이원우, "변형적 리더십이 동기부여 효과: 셀프에피커시 이론을 중심으로", 「인사관리연구」, 제19집, 한국인사관리학회, 1995. pp.53 – 72.
107) 이용택, "거래적·변혁적 리더십이 리더십 유효성에 미치는 영향에 관한 연구", 부산대학교 대학원 박사학위논문, 1996.
108) 김남현·이주호, "조직의 문화유형, 최고경영자의 리더십 유형 및 행동성과에 관한 실증연구", 「인사·조직연구」, 제5권 1호, 한국인사·조직학회, 1997. pp.

한편, 변혁적 리더십의 세 가지 구성요소, 즉 카리스마, 지적 자극, 개별 고려 등이 부하의 강력한 동일시, 즉 조직몰입을 가져온다는 주장이 제기되고 이에 대한 연구가 진행되고 있다. O'Reilly와 Chatman의 연구에서는 변혁적 리더십 행위는 감정적 몰입에 정(+)의 영향력을 미치는 것으로 조사되었다.[109] 또한 Bass와 그의 동료들은 변혁적 리더십은 모범적인 행동과 목표나 비전에 역점을 둠으로써 부하의 강한 조직몰입을 예측하는 데 있어 거래적 리더십보다 증대효과가 큼을 입증하였다.[110] Koh의 후속연구에서도 거래적 리더십 요인만을 사용했을 때보다는 변혁적 리더십을 추가함으로써 부하의 조직몰입이 증대됨으로써 변혁적 리더십은 부하의 조직몰입을 예측하는 데 있어 거래적 리더십에 비해 상당한 증대 영향을 미친다는 사실을 입증하였다.[111] 이러한 결과는 Mathieu와 Zajac(1990) 연구에서도 나타났다.[112]

최근 Summer, Bae and Luthans(1996)의 실증조사에 의하면 우리나라의 경우 관리스타일과 조직몰입 간의 관계는 확실하게 발견하지 못하였으나 변혁적 리더십 행동은 조직몰입에 정(+)의 영향을 미치는 것으로 관찰되었다.[113] 한편 이덕로(1994)는 변혁적 거래적 리더십 유형과 직무만족, 조직몰입도 간의 관계를 연구한 바 있다. 본 연구에 의하면 조직몰입은 감정적 몰입, 유지적 몰입, 규범적 몰입으로 구분할 때 감정적 몰입과 변혁적 리더십이 강한 정(+)의 관계를 갖는 것으로 나

---

109) C. A. O'Reilly and J. Chatman, "Organizational Commitment and Psychological Attachment: The Effects of Compliance, Identification, and Internalization on Prosocial Behavior", *Journal of Applied Psychological,* 17, 1986, pp.492 – 499.

110) J. J. Hater and B. M. Bass, *op. cit.,* pp.695 – 702.

111) W. L. K. Koh, "An Empirical Validation of the Theory of Transformational Leadership: in Secondary School in Singapore", Ph.D. Dissertation, University of Oregon, 1990.

112) J. E. Mathieu and D. M. Zajac, *op. cit.,* pp.171 – 194

113) S. M. Summer, S. H. Bae and F. Luthans, "Organizational Commitment Across Cultures: The Impact of Antecedents on Korean Employees", *Human Relations, Vol.*49, No.7, 1996, pp.977 – 993.

타났다.114)

이상의 연구성과를 종합하면 변혁적 리더십이 조직몰입의 하위 구성
요소 중 정서적 몰입에는 정(+)의 영향을 미치고 있으나, 다른 구성요
소인 유지적 몰입 및 규범적 몰입과의 관계는 일관된 관계가 현재로서
는 성립되지 않는 상태이다. 그러나 개념적으로 볼 때 변혁적 리더십은
정서적 몰입과 정(+)의 관계가, 거래적 리더십은 정서적 몰입과 부(-)
의 관계가 있지 않을까 생각된다. 또한 변혁적 리더십은 경제적 이해관
계에 의해 조직에 남으려는 수동적 몰입인 유지적 몰입에는 부(-)의
영향을 미칠 것으로 추측된다.

2. 변혁적 리더십과 임파워먼트와의 관계

변혁적 리더십에 대한 그간의 연구들은 주로 변혁적 리더십과 다양
한 조직유효성과의 관계에 초점을 맞추어 왔으며 그 성과도 어느 정도
입증되고 있다. 반면 변혁적 리더십이 조직유효성에 영향을 주기 위한
부하의 동기부여 과정에 대한 연구는 미흡한 편이다. Ashour(1982)의
주장에 따르면, 변혁적 리더십이 어떻게 조직유효성에 영향을 주는지의
과정을 부하의 동기부여 측면에서 살펴봄으로써 변혁적 리더십 과정을
보다 구체적으로 이해할 수 있는 개념적 틀을 제공할 수 있을 뿐만 아
니라 이를 위한 다양한 실전방안을 강구할 수 있다고 하였다.115) 최근
에 와서 부하의 내재적 동기부여의 측정 변인으로 임파워먼트에 대한
연구가 진행되고 있으나, 그 성과도 임파워먼트의 하위 구성요인과의

---

114) 이덕로, "변형적·거래적 리더십이 부하의 추가노력, 직무만족 및 조직몰입에
　　미치는 영향에 관한 연구", 인사관리 연구 제18집, 1994, pp.217-239.
115) A. S. Ashour, "A Framework of a Cognitive-Behavioral Theory of
　　Influence and Effectiveness", *Organizational Behavior and Human
　　Performance,* Vol.30, 1982, pp.407-430.

관계를 탐색하는 수준에 머물러 있다.

Vogot와 Murrel은 리더와 임파워먼트의 관계에 있어 조직구성원을 임파워먼트시키기 전에 그 리더가 먼저 임파워먼트되어 있어야 한다고 역설하였다.116)   임파워먼트된   조직에서   리더의   역할은   조화 (coordination), 통합(integration), 촉진(faciliation)으로서 통제보다는 하위자에게 격려와 도움을 주고, 문제 해결자, 기술 전문가, 지휘자의 역할보다는 촉진자(faciliator)로서 적극적인 참여와 협동을 유도하는 것이라 하였다.

한편, 변혁적 리더십과 임파워먼트 간의 관계를 연구한 결과들을 요약하면 다음과 같다.

Conger와 Kanungo는 조직구성원이 임파워(empower)되기 위해서는 무엇보다도 리더의 역할이 중요하며, 리더의 구체적인 역할은 ① 높은 수행기대를 부여함으로써 하부조직에게 확신(confidence)을 표현하고, ② 하부조직이 의사결정에 참여할 수 있는 기회를 장려하며, ③ 자율성을 제공하며, ④ 영감 있고 의미 있는 목표를 설정하는 것 등으로 이러한 역할들이 임파워먼트된 조직구성원을 형성해 낼 수 있다고 주장하였다.117) 이렇듯 구성원들을 임파워먼트를 시키는 데 있어서 리더의 영향력은 절대적이라고 말할 수 있으며, 임파워먼트되기 위해 리더가 갖추어야 할 속성이 상당 부분 변혁적 리더십과 일치한다고 볼 수 있다.118) Avolio와 Gibbsons은 구성원 개인의 변혁 및 개발의 대부분은 자신감 또는 임파워먼트 느낌을 개발하는 것으로 보고, 변혁적 리더들이 부하들을 임파워시키는 데 몇 가지 방법을 동원할 수 있다. 즉 ① 과거 성과를 인정하는 것, ② 감정적으로 도전적인 일을 제공하는 것,

---

116) J. F. Vogot and K. L. Murrel, *op. cit.,* p.69.
117) J. A. Conger and R. N. Kanungo, "The Empowerment Process: Integrating Theory and Practice", A*cademy of Management Review,* 1988, Vol.13, p.475.
118) 박원우, 상게논문, p.126.

③ 큰 기대를 한다고 표현하는 것, ④ 성공할 수 있도록 전략을 모형화하는 것 등이 그것이다. 그들은 변혁적 리더가 이러한 방법을 통해 부하들에게 좀더 어려운 요구를 할 수 있고 자제력과 자기 계발을 확고히 정착시킬 수 있으며 따라서 부하들을 임파워시킬 수 있다고 하였다.[119] Avolio와 Gibbsons은 변혁적 리더십의 우선 목적을 부하들의 자신감 향상과 자기 계발을 도모하는 것으로 보았고, 리더는 부하들을 각자의 분야에서 리더로 임파워시킴으로써 자신의 행동과 성과 그리고 발전에 책임을 지는 인간으로 만드는 데 그 목적을 두고 있다.

House는 21세기에는 노동력의 다양화, 작업장 조직, 산업 환경의 변화로 인해 새로운 리더십의 형태가 필요하다고 주장하면서 조직구성원들에게 동기를 부여함과 아울러 임파워먼트시키고, 자아가치(self-worth)를 경험하게 하는 신카리스마적 리더십(neo-charismatic leadership)을 제시하였다.[120] 그가 주장한 새로운 리더십 내용 중에서 신카리스마적 리더십이란 목적(purpose), 의미감(meaning), 이상적인 가치관과 동인(motive)을 보여 줌으로써 공유된 비전을 명확히 하여 주고, 부하들로 하여금 추가적인 노력과 역할을 수행하도록 하며, 집단의 비전을 위해 개인적 희생을 할 수 있는 의욕을 갖도록 해 주는 리더로서, 신카리스마적 리더들이 가지는 속성[121] 몇 가지를 제시하여 이러한 리더의 속성들이 구성원들을 임파워시킬 수 있다고 하였다. 또한 신카리스마적 리더십 이론의 본질은 변혁적 리더십, 카리스마적 리더십, 비전적 리더십 등의 속성과 일치하는 면이 매우 많다고 하였다.

119) B. J. Avolio and T. C. Gibbsons, *op. cit.* pp.276-308.
120) R. J. House and A. Howard, "The Change Nature of Work: Leadership in The Twenty-First Century", 1st. ed. *The Joessey-Bass Management Series*, 1995, pp.411-450.
121) 비전의 제시와 공유, 자신들의 열정, 희생 가시화, 동기유발(애정/성취/권력), 자신감과 결단력, 인내력 보유, 구성원에 대한 자신감과 기대 표시, 개발지향 자세, 위험감수 자세, 역할-모델 제시, 상징적 행위 등임.

Thomas와 Velthouse는 Conger와 Kanungo의 임파워먼트에 대한 모델을 정교화시키는 과정과 임파워먼트를 부하들이 인지적으로 해석하는 과정에서 임파워먼트 지각에 영향을 주는 환경적인 요소들을 제시, 그중 변혁적 리더십이 부하들이 지각에 매우 중요하다고 하였으며, 변혁적 리더십은 과업평가에 있어서도 여러 중요한 역할을 한다고 하였다. 실증적인 연구사례를 보면 Susan은 스페인의 기업체, 384명의 중간관리자를 대상으로 리더십과 임파워먼트 간의 관계를 검증한 결과 변혁적·거래적 리더십이 부하의 임파워먼트에 영향을 준다는 것[122]을 실증하였으며, John은 군조직(18개 조직 2596명)을 대상으로 한 연구에서 변혁적 리더십이 개인의 임파워먼트에 긍정적인 영향을 미친다는 것을 입증한 바 있다.[123]

최근 임파워먼트의 구성요소로 재평가되고 있는 영향력, 능력, 의미감, 선택과 변혁적 리더십과의 관계에 대한 House의 연구결과는 변혁적 리더십의 하위 구성요소 중 카리스마적 리더십이 부하의 영향력과 능력에 정(+)의 영향을 미치고 있음을 입증하였으며, Bennis와 Nanus는 변혁적 리더십이 부하의 영향력, 능력, 의미감에 긍정적 영향을 미친다는 사실을 입증하였다.

122) W. G. Susan, "Feelling of Empowerment in Relations to Leadership Approach / Transformational leadership, Transactional Leadership", Columbia University, Ph.D., 1992.
123) M. R. John, "Transformational Leadership and Its Role in Empowerment Productivity and Commitment To Quality", University of Illinois Chicago. Ph.D., 1995.

〈표 Ⅱ-12〉 과업평가에 영향을 미치는 리더십 변수

리더십 변수	과 업 평 가(task assement)			
	영향력 (impact)	능 력 (competence)	의미감 (meaningfulness)	선 택 (choice)
리더십 -카리스마적 (House,1977) -변혁적 (Bennis and Nanus,1985)	● ●	● ●	●	

자료: K. W. Thomas and B. A. Velthouse, "Cognitive Element of Empowerment: an Interpretive Model of Intrinsic Task Motivation", *Academy of Management Review*, *Vol.*15, No.4, 1990, p.676.

한편, 임파워먼트에 대한 개념과 구성요소가 명확히 정립되지 않은 탓에 변혁적 리더십과 내재적 임파워먼트의 하위 구성요소와의 관계를 밝히려는 연구가 활발히 진행되고 있는데, 그중 하나가 자신감(self-efficacy)에 대한 연구이다. 자신감은 각 개인이 스스로 지각한 자신의 가치와 역량이 성공적인 성과물로 나타날 수 있게 행동으로 보여 줄 수 있다는 신념으로, 미래에 성공적인 과업수행 능력에 대한 개인의 신념을 의미한다.[124]

변혁적 리더십과 자신감에 대한 연구를 종합하면 다음과 같다. 먼저 카리스마 리더는 부하에게 비전을 제시하고 미션을 일깨워 주며 성공적인 업무수행에 대한 모델이 되고 부하로 하여금 리더에 대한 신뢰와 존경 그리고 자부심을 갖도록 한다. 따라서 부하는 카리스마 리더와 동일시하려는 감정적 유대를 형성하여 성공적으로 업무를 수행할 수 있다는 자신감을 갖게 된다. 또한 개별 고려형 리더는 부하에게 학습기회를 제공하기 위해 업무를 위임해 주고 소외되는 구성원에게 개인적 관

---

124) 임준철·윤정구, "부하에 의해 인지된 상사의 변혁적 및 거래적 리더십이 부하의 혁신성향에 미치는 영향: 자기권능감의 매개역할을 중심으로", 「인사·조직 연구」, 제7권 제1호, 1999, pp.1-42.

심을 보여 주며 필요할 때 조언과 지원을 해 준다. 그리고 멘토링이나 코우칭 그리고 피드백 등을 사용하여 부하를 개발하는 것에 관심을 가지고 있다. 따라서 개별 고려형 리더는 부하 스스로 자신감을 가지고 업무수행을 하도록 개발한다. 지적 자극형 리더는 부하들로 하여금 기존의 방법에 의문을 제기하고 새로운 방식으로 접근해 어려움을 극복할 수 있는 능력을 개발하도록 격려해 준다. 그럼으로써 부하는 업무수행 능력을 개발하고 자신감을 갖게 된다.[125] 따라서 변혁적 리더십은 카리스마, 지적 자극, 개별 고려를 통하여 부하가 성공적으로 목표를 달성할 수 있는 능력의 개발과 자신감을 갖도록 도와준다. 변혁적 리더가 사용하는 카리스마와 지적 자극 그리고 개별 고려는 부하가 단순히 리더에게 복종하기보다는 스스로 자신감을 가지고 상사가 바라는 방향으로 업무를 성공적으로 수행하도록 하는 것이다. 국내에서 임준철 (1999)은 S기업을 대상으로 변혁적, 거래적 리더십과 임파워먼트의 관계를 자신감(self-efficacy)을 매개로 하여 연구한 결과, 변혁적 리더십이 임파워먼트에 직접적으로도 영향을 준다는 것을 실증한 바 있다.[126] 변혁적 리더십이 임파워먼트에 영향을 준다는 연구들은 상기 연구내용들 외에서도 입증되고 있지만 실제 효과성에 대한 실증 연구는 아직까지도 매우 제한적이어서 추가적인 연구가 필요한 실정이다.

3. 임파워먼트와 조직몰입과의 관계

임파워된 개인은 업무를 성공적으로 수행하고자 하며, 도전적인 상황에서 좌절하지 않고, 일을 주도적으로 처리한다. 즉 자신을 조직과 동일시하여 과업수행에 있어서 주도적 역할을 담당하게 되며, 조직몰입이

---

125) B. J. Avolio and T. C. Gibbsons, *op. cit.,* pp.276-308.
126) 임준철·윤전구, 전게논문, 1999. pp.1-42.

높아지는 것이다.127) Thomas와 Velthouse는 임파워된 개인은 과업에
대한 집중력과 탄력성이 증대되고 업무처리의 주도성이 증대되어 업무
에 대한 자신의 의미성이 높아지고 몰입하게 된다고 하였다. 그들의 연
구결과에 따르면 임파워된 개인은 조직과 자신의 일체감인 정서적 몰
입이 증대되는 반면 경제적 거래 관계에 의해 조직에 남으려는 유지적
몰입은 감소하는 것으로 나타났다.128) 이러한 결과는 국내의 차윤석의
연구결과와도 일치한다. 그는 임파워먼트와 조직몰입 간의 관계를 연구
한 결과 직무만족보다 조직몰입 특히 정서적 몰입과의 상관관계가 높
게 나타났으며, 유지적 몰입 간에는 부(-) 상관관계가 있음을 입증하
였다. 또한 오점록(1998)도 우리나라의 군조직을 대상으로 한 연구에서
임파워먼트와 조직몰입 간의 상관관계가 직무만족보다 높음을 입증하
였다.129)

한편, 김병식(1997)은 우리나라 세 개의 공기업 종사자를 대상으로
한 연구에서 변혁적 리더십, 임파워먼트, 조직몰입으로 이어지는 구조
방정식 모델을 검증한 결과 임파워먼트와 정서적 몰입 간에는 정(+)의
관계를 보이고 있으나 그 관계가 매우 미약하며, 유지적 몰입 간에는
아무런 관련이 없는 것으로 나타났다.130)

한편 Zimmerman의 연구결과는 선행연구와는 달리 임파워먼트와 정
서적 몰입 및 유지적 몰입 간의 관계에서 모두 정(+)의 영향을 미치고
있음을 입증하였다.

이상의 연구성과를 종합해 보면 임파워먼트와 조직몰입의 구성요소
중 정서적 몰입과는 어느 정도의 관련성이 입증되고 있으나, 유지적 몰

127) P. Kizilos, "Crazy about Empowerment", *Training,* Dec., 1990, pp.47-56.
128) K. W. Thomas and B. A. Velthouse, *op. cit.,* pp.666-681.
129) 오점록, "리더십, 팔로우십의 특성과 자기 임파워먼트가 군조직의 유효성에 미
     치는 영향에 관한 연구", 경희대 대학원 박사학위논문, 1998.
130) 김병식, "리더십 유형과 근로자의 임파워먼트, 몰입, 그리고 이직의도 간의 관
     계에 관한 연구", 경희대학교 대학원 박사학위논문, 1997.

입과의 관계양상은 그 결론을 내리기에는 연구성과가 매우 미흡함을 알 수 있다. 이는 연구자마다 임파워먼트의 측정요소가 다르고 그에 대한 정의 역시 일반화되어 있지 못한 데 그 원인이 있다고 추정된다.

그러나 많은 연구들이 임파워먼트와 정서적 몰입 간에는 정(+)의 관계, 유지적 몰입 간에는 부(-) 관계를 입증하려는 가설을 설정하고 있어 본 연구에서도 이를 검증하고자 한다.

4. 리더십 대체이론

Kerr와 Jermier는 주어진 업무에 대한 필요 사항을 알고 있을 경우, 사회적 · 조직적 · 물리적 환경에 따라 개인 및 조직의 성과를 개선시킬 수 있기 때문에 공식적 리더의 다양한 기능을 대신할 수 있는 메커니즘과 대안을 제시할 수 있는 방법들이 있을 수 있다고 하였다.[131] 이후 연구는 리더십과 성과 사이에 영향을 미치는 변수에 대한 명확한 정의가 없어서 두 변수 사이에 영향을 미치는 변수를 모두 대체 요인으로 규정함으로써 대체이론에 대한 혼란과 실증연구에서의 상반된 결과들을 도출하였다.

Howell 등은 리더십과 성과 사이에 영향을 미칠 수 있는 상황변수의 조절효과를 약화효과, 대체효과, 상향효과, 보완효과로 분류하여 대체요인의 개념을 명확히 하였다.[132]

① 약화 요인(neutralizers): 이는 하위자의 행동에 의해 나타나는

---

131) S. Kerr and J. M. Jermier, "Substitute for Leadership: Their meaning and measurement", *Organizational Behavior and Human Performance*, Vol.22, No.4, 1978, pp.375-403.

132) J. P. Howell, P. W. Dorfman and S. Kerr, "Moderator Variable in Leadership Research", *Journal of Management Review*, Vol.11, 1986, pp.88-102.

결과에 리더십이 미치는 영향을 약하게 만드는 요인을 말한다. 약화 요인은 리더가 성과에 전혀 영향을 미치지 못하게 하는 요인으로, 결과변수와 직접적인 상관관계는 없지만 리더의 행동과 결과 변수 간의 관계를 상쇄시킨다.

② 대체 요인(substitutes): 이는 리더십을 불가능하게 하거나 필요 없게 만드는 변수를 말한다. 리더십에 대한 대체 요인이 존재할 때는 리더십 자체가 하위자의 태도나 행위에 거의 영향을 미치지 못한다. 대체 요인도 약화 요인과 마찬가지로 하위자의 업무수행 결과에 따르는 결과변수에 리더가 미치는 영향을 상쇄시킨다.

③ 상향 요인(enhancers): 상향 요인은 그 자체가 결과변수에 영향을 미치는지 여부와 관계없이 리더 행동과 결과변수 간의 관계를 증대시키는 요인을 말한다.

④ 보완 요인(supplements): 리더십이 하위자의 태도나 행동에 영향을 미치는 데 기여하기는 하지만, 리더가 직접적으로 미치는 영향을 상쇄시키지도 않고 증대시키지도 않으면서 그 자체가 결과변수에 추가적인 영향을 미치는 요인을 말한다.

한편 Kerr와 Jemier은 그의 연구모형에 지원적 리더십과 수단적 리더십에 대한 대체 요인으로 부하의 특성, 과업 특성, 조직 특성을 꼽고 있는데 그 내용을 살펴보면 다음과 같다.

1) 부하의 특성

부하가 자신의 직무를 수행할 만한 충분한 능력과 경험 그리고 지식을 지니고 있는 경우 그리고 업무수행에 필요한 훈련을 받았을 경우에는 하위자는 자신이 해야 할 일에 대해 정확히 알고 있는 만큼 리더의 지시나 도움이 큰 영향을 미치지 않게 된다. 전문적 성향이 강한 부하의 경우에도 자신의 업무를 처리하는 데 있어서 상사나 조직이 제시한 기준에 따르기보다는 자신의 전문적인 판단기준이나 전문적인 훈련에 의해 형성된 성과기준 및 가치관에 근거하여 행동하는 성향이 강한 만큼 리더십 대체 요인이나 약화 요인에 영향을 많이 받는다고 볼 수 있다.

리더십 효과를 증대시키는 수단의 하나로 보상을 들 수 있으나, 부하가 보상에 대해 무관심하거나 보상에 대한 가치를 별로 느끼지 못하는 경우도 있을 수 있다. 또한 독립에 대한 요구가 강하여 상사나 다른 사람들의 도움을 받지 않고 자율적으로 일하기를 좋아하는 부하 역시 리더의 영향을 상대적으로 덜 받게 된다.

2) 과업 특성

단순반복업무의 경우 부하는 리더의 훈련과 지시에 의존하지 않고서도 업무수행에 필요한 적절한 기량을 신속히 습득할 수 있다. 따라서 업무가 얼마나 일상적이고 반복적인가에 따라 리더십의 효과는 다르게 나타난다. 또한 업무에 대한 피드백이 신속히 이루어지는 과업의 경우 리더가 업무에 대한 피드백을 해 줄 필요가 없다. 업무수행과정에서 만족과 기쁨을 느끼게 되는 경우에도 업무 자체로 인한 동기유발이 이루어지는 만큼 상사의 역할이 상대적으로 작아지게 된다.

3) 조직 특성

상당히 공식화되어 있는 조직에서는 부하 스스로가 일단의 규범과 방침을 습득함으로써 리더가 지시할 필요성이 줄어들어 지시적 리더십을 대체할 수 있을 것이다. 만일 리더가 하위자의 노력을 증대시키기 위하여 업무할당이나 작업절차를 변화시키기 어려울 정도로 규정과 방침이 엄격하다면 이는 리더십의 대체 또는 약화 요인으로 작용할 것이다. 또한 리더와 부하가 서로 떨어져 일하는 경우 서로 간의 접촉할 기회가

적어 리더십 유효성이 약화될 수 있다. 보상통제의 불가능 역시 상사가 하위자의 행동유발이나 동기부여에 제한적 요소로 작용하는 만큼 상사의 리더십에 부정적 영향을 미칠 수 있다. 이상의 Kerr과 Jemier의 리더십 대체 요인에 대한 상황조절변수로 열거한 것들은 그간의 리더십 상황이론에서도 연구되어 왔던 것이다. 다만 본 연구에서는 부하에 의해 지각된 변혁적 리더십과 임파워먼트, 조직몰입 간의 관계에 한정하고 있다. 따라서 분석단위의 일치를 위해서 부하의 특성을 대체 요인으로 활용하고자 한다. 또한 부하의 특성 중 리더십 대체 요인으로 중요시되고 있는 부하의 경험, 능력, 훈련 정도를 파악할 수 있는 요소로 부하의 사회적 학습경험과 조직 내 학습경험을 선정하고자 한다.

제3장
연구의 설계

제1절 연구모형

본 연구는 '변혁적 리더십과 조직몰입 간의 관계', '변혁적 리더십과 임파워먼트 간의 관계', '임파워먼트와 조직몰입 간의 관계', '변혁적 리더십, 임파워먼트 그리고 조직몰입 간의 관계' 그리고 '변혁적 리더십과 임파워먼트, 변혁적 리더십과 조직몰입 간의 연령, 학력, 근속연수의 조절효과'를 검증하기 위해 설계되었다. 이를 위한 연구모형은 <그림 3-1>과 같다.

변혁적 리더십은 카리스마 및 개별 고려형 리더와 지적 자극형 리더로 대별하였으며, 임파워먼트의 하위 요소는 과업 의미성, 역할 수행 능력, 자기 결정력으로 구분하였고, 조직몰입은 정서적 몰입과 유지적 몰입으로 대별하였다.

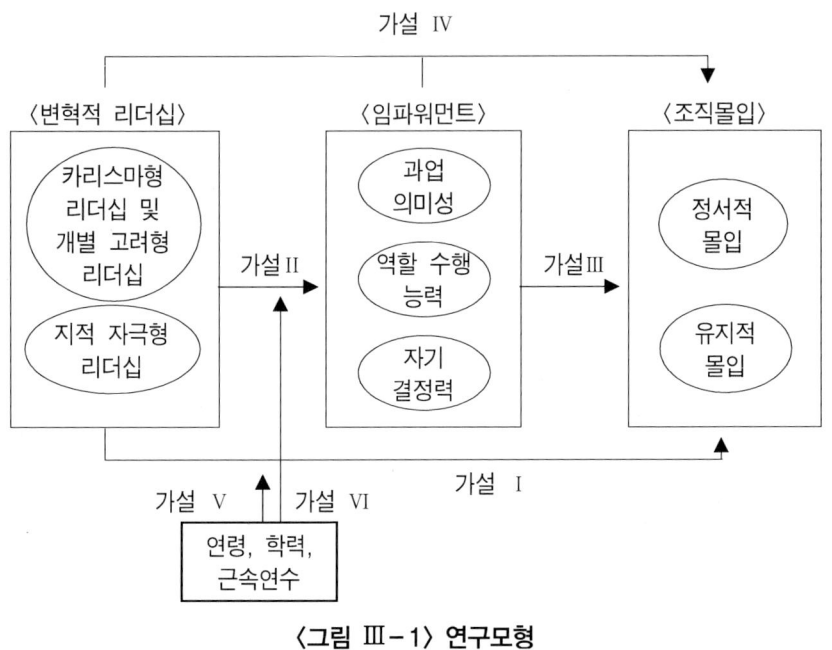

〈그림 Ⅲ-1〉연구모형

제2절 변수의 정의

실증적 연구를 위해 선정한 변수의 구성과 그 정의는 다음과 같다.

1. 변혁적 리더십

변혁적 리더십이란 부하들로 하여금 개인적 이해관계를 넘어 기대 이상의 성과를 달성하도록 높은 수준의 욕구를 충족시키며, 업무성과의 중요성과 가치체계를 변화시킴으로써 조직과 집단의 성과를 제고하려는 리더십 유형이다. 본 연구에서는 Bass의 MLQ로부터 카리스마적 리더십 5문항, 개별 고려형 리더십 4문항, 지적 자극형 리더십 5문항을 선정하여 부하가 지각하는 상사의 리더십 유형을 7점 척도화하였다. 많은 조직심리학적 연구들이 객관적 리더십보다 부하에게 지각된 리더십의 중요성을 강조하는 이유는 상사의 리더십이 궁극적으로 부하에게 지각될 수 있을 때 부하의 행위에 영향을 줄 수 있다는 점에 착안하고 있기 때문이다.

1) 카리스마형 리더십

카리스마형 리더십이란 추종자가 리더에 대한 귀인 결과 존경과 신뢰감을 느끼는 정도이며 리더가 부하에게 감동을 주는 정도로 변혁적 리더십의 핵심 요인이다. 카리스마 리더의 특성은 현 상태에 대한 변화를 추구하고, 전문적 지식을 가지고 혁신적 수단을 사용하며, 환경변화에 민감히 대응함은 물론 부하들에게 혁신적·급진적 변화를 수용토록 한다. 본 연구에서는 리더가 부하들로 하여금 직무에 열중하게 만드는 정도, 조직에 충성심을 불어넣는 정도, 존경받는 정도, 부하들이 상징적 존재로 인식하는 정도, 조직에 정말로 중요한 것이 무엇인지를 파악할 수 있는 능력을 가진 정도로 측정하였다.

2) 개별 고려형 리더십

개별 고려형 리더십이란 리더의 관심 사항과 부하들의 관심 사항을 공유하는 것으로, 부하들의 욕구나 능력수준에 따라 개별적으로 고려함으로써 부하들 스스로 욕구를 확인하게 만들고, 높은 차원의 욕구를 가질 수 있도록 하는 것이다. 개별 고려의 핵심은 부하에 대한 지원, 격려, 개발에 있다. 본 연구에서는 개별 고려형 리더십을 부하들과 친근하면서도 비공식적 인간관계를 유지하는 정도, 부하에 대한 개인적 관심도, 직무와 관련한 조언 등으로 측정하였다.

3) 지적 자극형 리더십

지적 자극형 리더십은 부하들이 지니고 있는 신념과 가치관에 대해 그리고 상사가 지니고 있는 신념과 가치관에 대해 끊임없이 의문을 갖도록 환기시키며, 상황을 분석하는 데 있어 기존의 합리적 틀을 뛰어넘어 좀더 창의적인 관점을 개발하도록 격려하는 리더십이다. 본 연구에서는 부하들로 하여금 기존의 업무처리 관행을 바꾸도록 독려하고, 다시 생각하게 하며, 지적 능력을 활용케 하고, 논리적 접근을 중요시하는 정도로 측정하였다.

2. 임파워먼트

임파워먼트의 분석수준은 조직수준, 집단수준, 개인수준으로 구분할 수 있는데, 본 연구에서는 개인수준의 임파워먼트로 한정하였다. 그 이유는 변혁적 리더십을 부하에 의해 지각된 리더십으로 측정하였기 때문에 분석단위를 일치시키기 위해 필요하며 또한 변혁적 리더십은 궁극적으로 부하의 내재화된 동기를 부여시켜 조직목표를 달성하기 위한 것이기 때문이다. 본 연구는 개인수준의 임파워먼트를 개인의 과업 역할에 대한 인지로 정의하고 그 구성요소로 Fiedler(1993)과 Spreitzer(1995)가 개발한 항목 중 과업 의미성(meaning), 역할 수행 능력(competence), 자기 결정력(self-determination)을 측정하였다.

1) 과업 의미성

과업 의미성이란 조직구성원들이 자신의 기준과 비교해 판단되는 작업 목표의 가치로, 의미 있는 작업에서의 요구사항들과 개인의 역할, 신념, 가치, 행동의 적합 정도를 말한다.

2) 역할 수행 능력

역할 수행 능력이란 개인이 특정업무를 성공적으로 수행할 수 있다는 자신의 능력에 대한 믿음을 말하는 것이다. 즉 문제가 발생하더라도 이를 신속하고 적극적으로 해결할 수 있는 능력이 구성원에게 있음을 의미한다.

3) 자기 결정력

자기 결정력이란 개인이 타인의 간섭 없이 재량권이나 주도권을 가지고 행동을 통제할 수 있다는 믿음이나 행동을 말한다. 따라서 업무수행 과정에 있어 자율적 의사결정을 할 수 있는 정도이다.

3. 조직몰입

조직몰입은 정서적 몰입, 유지적 몰입, 규범적 몰입 3가지 구성요소 중 정서적 몰입과 유지적 몰입을 측정하였다. 본 연구에서는 Meyer와 Allen(1990)의 측정도구를 이용하여 한국의 근로자를 대상으로 측정한 Ko, Price와 Mueller(1997)의 10개의 조직몰입 문항 중 정서적 몰입 및 유지적 몰입에 해당하는 6개 문항을 측정하였다.

1) 정서적 몰입

정서적 몰입은 종업원 개개인이 자신의 조직에 대해 느끼는 일체감정도이며 구성원들은 조직의 목표 및 가치관을 받아들여 조직을 위해 노력을 아끼지 않는 정도이다.

2) 유지적 몰입

유지적 몰입은 자신이 조직에 투자한 가치가 증가하여 조직에 남음으로써 얻는 이득이 이직함으로써 얻는 이득보다 크기 때문에 조직구성원으로서의 신분을 유지하려는 심리적 상태이다.

제3절 가설의 설정

이러한 연구모형을 토대로 다음과 같은 가설을 설정하였다.

1. 변혁적 리더십과 조직몰입 간의 관계

리더십과 조직유효성 간의 관계를 연구한 선행연구를 검토해 보면, 어떠한 리더십 유형이 조직유효성에 일관적으로 긍정적 영향을 미치는지는 밝혀내지 못하고 있다. 최근 Summer, Bae와 Luthans(1996)의 연구결과 변혁적 리더십이 조직몰입에 정(+)의 영향을 미침을 밝혔고, O'Reilly와 Chatman(1986)의 연구에서도 변혁적 리더십이 정서적 몰입에 정(+)의 영향을 미침을 밝혔다. 한편 이덕로(1994)의 연구결과에 따르면 변혁적 리더십 중 카리스마와 개별 고려형 리더십이 조직몰입에 긍정적 영향을 미치고, 지적 자극형 리더십은 조직몰입에 영향을 미치지 않은 것으

로 조사되었다. 이상의 선행연구의 성과를 토대로 다음과 같은 가설을
설정하였다.

가설 Ⅰ: 변혁적 리더십은 조직몰입에 정(+)의 영향을 미칠 것이다.
가설 Ⅰ-1: 변혁적 리더십은 정서적 몰입에 정(+)의 영향을 미칠 것이다.
가설 Ⅰ-2: 변혁적 리더십은 유지적 몰입에 부(-)의 영향을 미칠 것이다.

---

2. 변혁적 리더십과 임파워먼트와의 관계

최근에 와서 임파워먼트의 중요성이 강조되면서 많은 학자들이 이에
대한 연구를 심도 있게 진행하고 있다. 그러나 아직까지 임파워먼트에
대한 개념이 통일되어 있지 않고, 임파워먼트의 실체도 명확히 규명되
어 있지 않다. 특히 변혁적 리더십은 부하의 내적 동기유발을 통해 조
직목표를 달성하려는 리더십 유형임으로 임파워먼트와의 관련성을 짐
작게 한다. 실제로 제2장의 선행연구에서 살펴본 바와 같이 Conger와
Kanungo(1988), Susan(1992), Jhon(1995), 임준철(1996) 등은 변혁적 리
더십이 임파워먼트에 긍정적 영향을 미침을 입증하였다.
이상의 선행연구결과를 토대로 다음과 같은 가설을 설정하였다.

**가설 Ⅱ: 변혁적 리더십은 임파워먼트의 하위 구성요소에 정(+)의 영향을 미칠
것이다.**
가설 Ⅱ-1: 변혁적 리더십은 부하의 자기 결정력에 정(+)의 영향을 미칠 것이다.
가설 Ⅱ-2: 변혁적 리더십은 과업 의미성에 정(+)의 영향을 미칠 것이다.
가설 Ⅱ-3: 변혁적 리더십은 역할 수행 능력에 정(+)의 영향을 미칠 것이다.

---

3. 임파워먼트와 조직몰입 간의 관계

조직몰입과 임파워먼트의 관계에 대한 연구는 그리 많지 않으나 Thomas와 Velthouse(1990)에 의하면 임파워된 개인은 과업에 대한 집중력과 탄력성이 증대되고, 업무처리의 주도성이 증대된다고 하였다. Kanter(1983)는 임파워된 개인과 개인의 몰입 간에 정(+)의 관계를 밝혔다. 이렇게 볼 때 임파워된 개인은 조직에 헌신하고, 조직과 자신을 동일시하는 성향이 강하다고 볼 수 있다. 따라서 양자 간의 관계에 있어 다음과 같은 가설을 설정하였다.

가설 Ⅲ: 임파워된 개인은 조직몰입에 정(+)의 영향을 미칠 것이다.
가설 Ⅲ-1: 임파워된 개인은 정서적 몰입에 정(+)의 영향을 미칠 것이다.
가설 Ⅲ-2: 임파워된 개인은 유지적 몰입에 부(-)의 영향을 미칠 것이다.

---

4. 변혁적 리더십, 임파워먼트 그리고 조직몰입 간의 관계

본 연구의 목적인 변혁적 리더십이 임파워먼트를 통하여 조직몰입에 어떤 영향을 미치는지 알아보기 위하여 가설 Ⅳ를 설정하였다.

가설 Ⅳ: 변혁적 리더십은 임파워먼트를 통해서 조직몰입에 영향을 미칠 것이다.

---

5. 변혁적 리더십과 조직몰입 및 임파워먼트 간의 조절효과

그간 리더십 조절효과에 대한 연구는 당시 유행하는 리더십 이론과 성과와의 관계에 초점을 맞추는 것처럼 리더십이 어떤 조절요인에 의해 조절되는가에 초점이 맞추어졌다. 주로 리더십 조절변수의 탐색은 인간중심적 리더십 및 과업중심적 리더십과 조직유효성 사이에서 이루어졌다. 상황조절변수로는 부하의 특성, 리더의 특성, 과업 및 조직특성 변수들이 활용되었으며, 부하의 특성으로 부하의 학습경험이 중요 상황 조절변수로 연구되고 있다.[133] 여기서는 부하의 학습경험을 측정할 수 있는 변수로 연령, 학력, 근속연수를 채택하여 그 효과를 검증하고자 한다. 연령과 학력은 부하의 사회적 학습량을 측정할 수 있는 변수이고, 근속연수는 부하의 조직 내 학습량을 측정할 수 있는 변수이다. 이러한 측면에서 부하의 연령, 학력, 근속연수의 조절효과를 검증하기 위해 다음과 같은 가설을 설정하였다.

가설 V: 변혁적 리더십과 조직몰입 간의 관계는 부하의 학습경험에 따라 조절될 것이다.

가설 V-1: 변혁적 리더십과 정서적 몰입 간의 관계는 부하의 연령, 학력, 근속연수에 따라 조절될 것이다.

가설 V-2: 변혁적 리더십과 유지적 몰입 간의 관계는 부하의 연령, 학력, 근속연수에 따라 조절될 것이다.

---

133) S. Kerr and J. M. Jermier, *op. cit.*, pp.375−403.

가설 Ⅵ: 변혁적 리더십과 임파워먼트의 하위 구성요소 간의 관계는 부하의 학습경험에 따라 조절될 것이다.

가설 Ⅵ-1: 변혁적 리더십과 자기 결정력의 관계는 부하의 연령, 학력, 근속
　　　　　연수에 따라 조절될 것이다.

가설 Ⅵ-2: 변혁적 리더십과 의미성 간의 관계는 부하의 연령, 학력, 근속연
　　　　　수에 따라 조절될 것이다.

가설 Ⅵ-3: 변혁적 리더십과 역할 수행 능력 간의 관계는 부하의 연령, 학력,
　　　　　근속연수에 따라 조절될 것이다.

제4절 표본 특성 및 측정방법

1. 연구표본의 특성

본 연구의 표본은 제주지역에 있는 2급 이상의 관광호텔 종업원을 대상으로 하였다. 예비조사는 제주지역에 있는 11개 특급호텔 종업원들 중 과장급 이하를 대상으로 1999년 11월 15일부터 24일까지 10일간에 걸쳐서 행하였으며, 예비조사의 분석결과[134)]를 토대로 설문을 수정·보완한 후에 본 조사는 2000년 7월 3일부터 15일까지 2주간에 걸쳐 행하였다. 설문은 조사자가 직접 방문하여 배포·회수하였으며, 총 580부를 배포하여 406부를 회수하였고 이 중 응답이 불성실하다고 판단된 29부의 설문을 제외한 377부를 분석에 활용하였다.

---

134) 송병식·고성돈, 전게논문을 참조할 것.

〈표 Ⅲ-1〉 연구표본의 특성

특 성	분 류	빈 도	비 율(%)
연 령	20대	152	40.3
	30대	169	44.8
	40대	46	12.2
	50대 이상	10	2.7
성 별	남 성	253	67.1
	여 성	124	32.9
학 력	고졸 이하	10	2.7
	고 졸	44	11.7
	전문대졸	205	54.4
	대졸 이상	118	31.2
직 위	사원급	186	49.3
	주임, 계장급	125	33.2
	대리급 이상	66	17.5
직 무	관리직	137	36.3
	영업직	180	47.7
	시설직	24	6.4
	마케팅분야	18	4.8
	기 타	18	4.8
근속연수	1년 미만	52	13.8
	1-3년 미만	55	14.6
	3-5년 미만	76	20.2
	5-7년 미만	56	14.9
	7-10년 미만	60	15.9
	10년 이상	78	20.7

분석대상으로 선정된 표본의 특성은 <표 Ⅲ-1>에서 보는 바와 같다. 연령별로는 20대 40.3%, 30대 44.8%로 20-30대가 대부분을 차지하고 있으며, 성별로는 남성 67.1%, 여성 32.9%의 분포를 보이고 있다. 학력별로는 전문대졸이 54.4%로 가장 많고 대졸 이상이 31.2%를 차지하고 있다. 직위는 일반 평사원 49.3%, 주임 및 계장급 33.2%로 나타나 대부분 하위관리자나 평사원으로 분포되어 있다. 직무는 관리직과 영업직이 대부분을 차지하고 있으며, 근속연수는 대체로 고른 분포를 이루고 있다.

2. 설문지 구성 및 내용

본 연구는 설문지를 이용한 조사방법을 활용하였으며, 설문은 이미 선행연구자에 의해 개발된 내용을 중심으로 연구하고자 하는 방향에 맞게 재구성하였다. 변혁적 리더십은 Bass(1988)의 MLQ항목을, 임파워먼트는 Fiedler(1993)와 Spreitzer(1995)가 개발한 항목을 활용하였다. 조직몰입은 Meyer와 Allen(1990)의 측정도구를 이용하여 한국의 근로자를 대상으로 측정한 Ko, Price와 Mueller(1997)의 조직몰입 문항을 활용하였다. 리더십은 카리스마형 리더십, 개별 고려형 리더십, 지적 자극형 리더십으로 구성되었으며, 임파워먼트는 과업 의미성, 역할 수행 능력, 자기 결정력으로 구성되었다. 조직몰입은 정서적 몰입과 유지적 몰입으로 대별되었다. 설문지의 구성 내용을 구체적으로 살펴보면 다음과 같다.

〈표 Ⅲ-2〉 설문의 구성과 내용

변 수 명		문항번호	문항 수	출 처
변혁적 리더십	카리스마형 리더십	Ⅰ-1, 4, 7, 10, 11	5	Bass(1988)의 MLQ
	개별 고려형 리더십	Ⅰ-2, 5, 8, 13	4	
	지적 자극형 리더십	Ⅰ-3, 6, 9, 11, 14	5	
임파워 먼트	과업 의미성	Ⅱ3-1, 3-2, 3-3, 3-4	4	Fiedler(1993), Spreitzer(1995)
	역할 수행 능력	Ⅱ2-1, 2-2, 2-3, 2-4	4	
	자기 결정력	Ⅱ1-1, 1-2, 1-3, 1-4	4	
조직 몰입	정서적 몰입	Ⅲ-1, 2, 3, 4	4	Ko, Price and Mueller(1997)
	유지적 몰입	Ⅲ-5, 6	2	

3. 측정방법

본 연구의 실증분석을 위하여 변혁적 리더십, 임파워먼트, 조직몰입 등은 복합항목(composite scale)을 이용한 변수를 측정하는 방법을 채택하였으며, 이들 항목은 모두 리커트(Likert)의 7점 척도가 이용되었다. 또한 조절변수로 활용된 연령, 학력, 근속연수와 기타 인구통계적 변수는 명목척도가 이용되었다.

측정방법은 복합항목과 관련된 변수는 설문내용에 대한 신뢰도를 검증하기 위한 방법으로 크론바하알파(Cronbach's alpha)계수를 계산했으며, 여러 변수들 중 가장 관련성이 깊은 개념을 살펴보기 위한 타당성 검증 방법으로 요인분석을 실시하였다. 또한 연구모형 전체적인 인과관계 및 가설검증을 위해서는 공분산구조분석을 실시하였고, 연령, 학력, 근속연수의 조절효과를 검증하기 위해 위계적 회귀분석(hierarchical multiple regression analysis)을 실시하였다.

자료의 통계처리를 위해서는 AMOS(Ver. 4.0)와 SPSS PC+(Ver. 7.5)의 통계패키지를 활용하였다.

제4장
실증분석

제1절 기초통계 분석

1. 신뢰성 분석

신뢰성을 측정하는 방법은 동일한 상황에서 동일한 측정도구로 동일한 대상을 시간을 달리하여 2번 측정하여 그 결과를 비교하는 검증-재검증법(test-retest method), 최대한 2가지 형태의 측정도구를 동일한 표본에 차례로 적용하여 신뢰도를 측정하는 복수양식법(multiple forms technique), 다수의 측정항목을 두 그룹으로 나누고 두 그룹의 항목별 측정치 사이의 상관관계를 조사하여 신뢰도를 측정하는 반분비교법(half-split method), 동일한 개념을 측정하기 위하여 여러 개의 항목을 이용하는 경우 신뢰도를 저해하는 항목을 찾아내어 측정도구에서 제외시킴으로써 신뢰도를 높이기 위한 방법으로 크론바하알파계수를 이용하는 내적일관성검증법(internal consistency test method) 등이 있다.

그러나 검증-재검증방법은 첫 번째 검사에 대한 피검사자의 기억이 두 번째 검사의 응답에 영향을 미쳐 상관관계가 높아질 가능성이 있고, 반분비교법은 분할할 수 있는 조합의 수가 많기 때문에 신뢰성계수가 조합에 따라 달라질 수 있는 한계를 지니고 있으며, 복수양식법은 설문 내용은 그대로 두되 설문형식을 바꾸거나 다시 배열하여 분석해야 하는 어려움이 있다. 또한 위의 3가지 방법은 모두 시간, 인력, 비용이 많이 소요되는 단점을 지니고 있다. 따라서 본 연구에서는 내적일관성에 의한 신뢰도 검증방법을 채택하였다. 일반적으로 사회과학 분야에서는 알파계수가 0.6 이상이면 비교적 신뢰도가 높은 것으로 보고 있다.

<표 Ⅳ-1>은 변혁적 리더십, 임파워먼트, 조직몰입 각각의 하위 구성요소에 대한 복합문항들의 신뢰성을 측정한 것이다. 변혁적 리더십의 하위 구성요소인 카리스마의 신뢰성 계수는 0.9299, 지적 자극은 0.8448로 비교적 높게 나타나고 있다. 임파워먼트의 하위 구성요소로 과업 의미성의 신뢰성은 0.8867, 역할 수행 능력 0.6679, 자기 결정력 0.8867로 나타났고, 조직몰입 중 정서적 몰입은 0.8875, 유지적 몰입 0.6558로 나타났다. 결과적으로 모든 하위변수들이 0.6 이상의 안정적 신뢰도를 보이고 있다.

〈표 Ⅳ-1〉 변수의 신뢰성 분석

변	수	Cronbach's Alpha
변혁적 리더십	카리스마 및 개별 고려형 리더십	.9299
	지적 자극형 리더십	.8448
임파워먼트	과업 의미성	.8567
	역할 수행 능력	.6679
	자기 결정력	.8867
조직몰입	정서적 몰입	.8675
	유지적 몰입	.6558

2. 타당성 분석

타당성이란 측정하고자 하는 것을 실제로 측정해 내는 정도를 나타
내는 것으로 그 평가방법에 따라 내용타당성(content validity), 기준에
의한 타당성(criterion-related validity), 개념타당성(construct validity)
등 3가지로 나누어진다. 내용타당성이란 측정도구 자체가 측정하고자
하는 속성이나 개념을 어느 정도나 측정할 수 있는가를 보여 주는 것
으로서, 측정하고자 하는 구성개념의 조작적 정의의 적절성 여부를 판
단하는 근거자료가 된다. 기준에 의한 타당성은 하나의 속성이나 개념
의 상태에 대한 측정이 미래 시점에 있어서의 다른 속성이나 개념의
상태변화를 예측할 수 있는 정도를 의미한다. 개념타당성은 한 개념이
다른 개념과 구별되는 정도를 설명하는 것으로 요인분석을 통해 설문
자체의 타당성을 양적으로 평가할 수 있다.

본 연구는 요인분석을 통해 구성개념의 타당성을 입증하고자 하였다.
즉 변혁적 리더십, 임파워먼트, 조직몰입의 관련요인들을 구성하는 변
수들 각각의 유효성을 고려함으로써, 신뢰도를 향상시키고 각 변수들의
설명력을 높일 수 있는 변수를 추출하고자 요인분석을 실시하였다.

요인분석에서 요인패턴 행렬을 계산하고 공통요인으로 추출된 요인
들이 차별적 개념을 나타내는가를 검증하기 위해 각 요인과 변수와의
상관행렬을 계산하고 <표 Ⅳ-2>로 제시하였다. 요인분석의 초기 추출
방법으로는 주성분분석(principal component)을 사용하였고, 회전방식으
로는 직각회전방식 중 Varimax 기법을 채택, 고유치(eigen value)가 1.0
이상인 것은 분석에 이용하였다. Varimax 후의 요인적재량(factor
loading)은 <표 Ⅳ-2>에 나타나 있다. 요인의 해석은 일반적인 관례에
따라 0.40 이상의 부하점수(loading score)를 갖는 변수를 의미 있는 것
으로 하여 선정하였다.

변혁적 리더십은 2개 요인이 유효성의 차원으로 채택되었고, 이들 2개 요인은 총분산의 64.98%를 설명해 주고 있다. 이를 Bass의 MLQ 타당성 분석결과와 비교해 보면 카리스마형 리더십과 개별 고려형 리더십이 하나의 요인으로 묶인 점이 다르다. 그러나 많은 연구자들이 MLQ의 타당성 요인을 분석한 결과 두 가지 요인으로 묶이는 경우가 허다하고,[135] 심지어 신제구의 연구에서는 변혁적 리더십이 하나의 요인으로 묶인 점을 감안하면 MLQ의 요인 구조가 안정되어 있지 않음을 알 수 있다.[136]

임파워먼트는 과업 의미성, 역할 수행 능력, 자기 결정력의 3개 요인으로 묶였는데 이는 Fiedler(1993)와 Spreitzer(1995)의 타당성 분석결과와 일치한다. 조직몰입은 정서적 몰입과 유지적 몰입의 2개 차원으로 구분되고 있으며, 이 또한 Ko, Price와 Mueller(1997)의 연구결과와 일치한다.

〈표 Ⅳ-2〉 변수의 타당성 분석

변수 / 개념			적재치	Comm unality	Eigen Value	누적 분산
변혁적 리더십	카리스마 및 개별 고려형 리더십	상사와 함께 일해 자부심을 느낌	.801	.711	8.904	64.982
		직무수행에 자기 권한을 넓혀 줌	.791	.649		
		소외된 부하에게 관심을 보임	.785	.723		
		상사를 신뢰함	.770	.704		
		부하를 인간적으로 대해 줌	.763	.661		
		부하로부터 존경의 대상	.732	.709		
		성공과 성취의 상징	.629	.553		
		부하의 직무에 조언을 함	.620	.680		
		직무수행에 있어 특별한 능력을 갖춤	.589	.535		
	지적 자극형 리더십	업무수행 시 지적 자극을 줌	.799	.681	1.004	
		부하들에게 논리적 의견을 제시케 함	.765	.612		
		직무 시 새로운 지식을 활용토록 독려	.647	.667		
		기존의 업무수행방식에서 탈피케 함	.628	.613		
		직무수행 시 다시 한번 생각하게 함	.579	.600		

---

135) 백기복, 「이슈리더십」, 창민사, 2000, p.276.
136) 신제구, "집단애피커시의 예측변인과 효과에 관한 연구", 국민대학교 박사학위논문, 1998.

변수 / 개념			적재치	Comm unality	Eigen Value	누적 분산
임파워먼트	자기 결정력	의사결정 시 나의 의견이 잘 반영됨	.917	.851	4.817	67.162
		업무에 영향력 있는 의사결정을 함	.885	.814		
		나의 업무에 스스로 의사결정을 함	.826	.758		
		업무수행 시 나의 의견이 잘 반영됨	.727	.599		
	과업 의미성	나의 직무는 내가 성장하는 데 중요함	.846	.772	1.913	
		나의 직무수행은 개인적 의미 있음	.838	.782		
		내가 하는 직무는 나에게 의미 있음	.816	.681		
		나의 직무는 회사 내에서 매우 중요함	.713	.661		
	역할 수행 능력	타인이 달성한 목표라도 추가적 노력	.880	.661	1.330	
		계획된 일에 대한 추진력이 있음	.679	.572		
		타인이 달성한 목표에는 관심 없음	.648	.430		
		나의 업무목표를 달성할 자신이 있음	.607	.479		
조직 몰입	정서적 몰입	나는 회사에 애사심이 있음	.831	.714	3.404	73.513
		회사에서 여생을 보내는 것이 행복함	.829	.772		
		회사와 운명을 같이할 각오가 있음	.825	.720		
		나는 회사를 가족처럼 느낌	.817	.732		
	유지적 몰입	원해서보다 필요에 의해 회사에 남음	.900	.820	1.006	
		지금 회사를 떠나면 많은 것을 잃음	.761	.703		

3. 상관관계 분석

요인분석결과 단일 차원성이 입증된 각 연구단위별 척도에 대하여 서로의 관계가 어떤 방향이며, 어느 정도 관계를 갖는지를 알아보기 위하여 상관관계 분석을 실시한 결과는 다음과 같이 나타났다.

〈표 Ⅳ-3〉 변수 간 상관관계분석

변 수	Mean	S.D	1	2	3	4	5	6
카리스마, 개별고려(1)	4.1478	1.0459	1.000					
지적 자극(2)	4.3061	.9319	.784**	1.000				

변 수	Mean	S.D	1	2	3	4	5	6
자기 결정력(3)	4.1361	1.0606	.436**	.259**	1.000			
역할수행능력(4)	4.7626	.7218	.238**	.207**	.303**	1.000		
과업 의미성(5)	4.8568	.9719	.428**	.339**	.410**	.447**	1.000	
정서적 몰입(6)	4.5676	.9853	.595**	.565**	.420**	.322**	.681**	1.000
유지적 몰입(7)	4.2759	1.2572	−.319**	−.370**	−.194**	−.139**	−.365**	−.469**

** p<0.01

카리스마 및 개별 고려형 리더십과 지적 자극형 리더십은 임파워먼트의 하위 구성요소와 조직몰입 간에 상관관계가 있는 것으로 나타났다. 특히 결과변수인 정서적 몰입 간의 상관관계가 가장 높게 나타나 변혁적 리더십이 임파워먼트를 통제하고도 정서적 몰입에 직접적 영향을 미칠 수 있음을 암시해 주고 있다. 또한 임파워먼트와 조직몰입 간에도 상관관계를 보이고 있어 부분적으로나마 임파워먼트가 변혁적 리더십과 조직몰입 간의 매개 역할을 수행할 수 있음을 암시하고 있다.

제2절 연구모형의 가설검증

1. 가설검증

1) 가설 Ⅰ의 검증

가설 Ⅰ은 변혁적 리더십의 두 가지 하위 구성요인과 조직몰입의 두 가지 하위 구성요인 간의 인과관계를 검증하기 위한 것으로 그 결과는 <표 Ⅳ-4>에 나타난 바와 같다.

카리스마 및 개별 고려형 리더십은 0.230의 경로계수와 p<0.001의 수준에서, 지적 자극형 리더십은 0.242의 경로계수와 p<0.001의 수준에서 정서적 몰입에 정(+)의 영향을 미치고 있는 것으로 나타나 가설 Ⅰ-1은 채택되었다. 이는 카리스마 및 개별 고려형 리더십과 정서적 몰입 간의 관계를 연구한 Hater와 Bass(1988)[137]의 연구와 우리나라의 경우 이덕로(1994)의 연구성과와 일치한다.[138]

변혁적 리더십과 유지적 몰입 간의 관계를 살펴보면 카리스마 및 개별 고려형 리더십은 유지적 몰입에 영향을 미치지 못하는 반면, 지적 자극형 리더십은 -0.175의 경로계수와 p<0.01의 수준에서 부(-)의 영향을 미치고 있다. 따라서 가설 Ⅰ-2는 부분적으로 채택되었다.

〈표 Ⅳ-4〉 변혁적 리더십이 조직몰입에 미치는 영향

경 로	Para-meter	Regression weight	S.E.	P-Value
카리스마 및 개별 고려(ξ1) → 정서적 몰입(η4)	γ41	0.230	0.040	0.000
카리스마 및 개별 고려(ξ1) → 유지적 몰입(η5)	γ51	-0.072	0.057	0.203
지적 자극형 리더십(ξ2) → 정서적 몰입(η4)	γ42	0.242	0.036	0.000
지적 자극형 리더십(ξ2) → 유지적 몰입(η5)	γ52	-0.175	0.052	0.001

2) 가설 Ⅱ의 검증

가설 Ⅱ는 변혁적 리더십과 요인분석에 의해 추출된 임파워먼트의 3가지 하위 구성요인 간의 관계를 검증하기 위한 것이다. 양자 간의 관계는 <표 Ⅳ-5>에 나타나 있다.

먼저 자기 결정력과의 관계를 보면 카리스마 및 개별 고려형 리더십

---

137) J. J. Hater and B. M. Bass, *op. cit.*, pp.695-702.
138) 이덕로, 전게논문, 1994, pp.217-239.

은 부하의 자기 결정력에 0.416(p<0.001)의 경로계수에서 정(+)의 영향을 미치는 반면, 지적 자극형 리더십은 영향을 미치지 않는 것으로 나타남에 따라 가설 Ⅱ-1은 부분 채택되었다. 과업 의미성과의 관계에 있어서는 카리스마 및 개별 고려형 리더십과 지적 자극형 리더십 모두가 과업 의미성에 정(+)의 영향을 미치고 있어 가설 Ⅱ-2는 채택되었다. 역할 수행 능력에는 카리스마 및 개별 고려형 리더십은 영향을 미치지 않는 반면, 지적 자극형 리더십은 0.104의 경로계수와 p<0.05의 수준에서 정(+)의 영향을 미쳐 가설 Ⅱ-3은 부분 채택되었다.

〈표 Ⅳ-5〉 변혁적 리더십이 임파워먼트에 미치는 영향

경 로	Para-meter	Regressi-on weight	S.E.	P-Value
카리스마 및 개별 고려(ξ1) → 자기 결정력(η1)	γ11	0.416	0.047	0.000
카리스마 및 개별 고려(ξ1) → 과업 의미성(η2)	γ21	0.271	0.048	0.000
카리스마 및 개별 고려(ξ1) → 역할 수행 능력(η3)	γ31	0.072	0.051	0.158
지적 자극형 리더십(ξ2) → 자기 결정력(η1)	γ12	−0.034	0.047	0.469
지적 자극형 리더십(ξ2) → 과업 의미성(η2)	γ22	0.242	0.048	0.000
지적 자극형 리더십(ξ2) → 역할 수행 능력(η3)	γ32	0.104	0.051	0.042

3) 가설 Ⅲ 검증

가설 Ⅲ은 임파워먼트의 3가지 구성요인과 조직몰입의 2가지 구성요인 간의 인과관계를 검증하기 위한 것으로 그 결과는 <표 Ⅳ-6>에 나타나 있다. 임파워된 개인이 감정적 몰입에 영향을 미치는 정도를 검증한 결과 자기 결정력은 0.184(p<0.001)의 경로계수, 과업 의미성은 0.470(p<0.001)의 경로계수, 역할 수행 능력은 0.121(p<0.01)의 경로계수 수준에서 감정적 몰입에 정(+)의 영향을 미치고 있어 가설 Ⅲ-1은 채택되었다.

한편, 유지적 몰입에는 과업 의미성이 -0.143의 경로계수와 p<0.01의 수준에서 부(-)의 영향을 미치는 것으로 나타나 과업 의미성에 대한 지각은 유지적 몰입을 낮추고 있다. 반면 자기 결정력과 역할 수행 능력과 유지적 몰입 간에는 의미 있는 관계를 보이지 않고 있다.

〈표 Ⅳ-6〉 임파워먼트가 조직몰입에 미치는 영향

경 로	Para-meter	Regressi-on weight	S.E.	P-Value
자기 결정력($\eta 1$) → 정서적 몰입($\eta 4$)	$\beta 41$	0.184	0.039	0.000
과업 의미성($\eta 2$) → 정서적 몰입($\eta 4$)	$\beta 42$	0.470	0.038	0.000
역할 수행 능력($\eta 3$) → 정서적 몰입($\eta 4$)	$\beta 43$	0.121	0.035	0.001
자기 결정력($\eta 1$) → 유지적 몰입($\eta 5$)	$\beta 51$	-0.026	0.055	0.638
과업 의미성($\eta 2$) → 유지적 몰입($\eta 5$)	$\beta 52$	-0.143	0.053	0.007
역할 수행 능력($\eta 3$) → 유지적 몰입($\eta 5$)	$\beta 53$	0.023	0.050	0.649

4) 가설 Ⅳ 검증

<그림 Ⅳ-1>은 가설 Ⅳ의 검증결과를 그림으로 나타낸 것이다. AMOS를 이용한 가설검증에서는 우선적으로 제시된 연구모형의 적합도에 대한 분석이 이루어져야 한다. 모형적합도 결과는 <표 Ⅳ-7>과 같다.

<표 Ⅳ-7>에서 보는 바와 같이 부하가 지각하는 상사의 변혁적 리더십과 임파워먼트 그리고 조직몰입으로 이어지는 본 연구의 구조모델을 검증한 결과 $\chi^2 = 37.764$, d.f. =4, p-value=0.000, GFI=0.973, AGFI=0.812, NFI=0.923, CFI=0.928, RMR=0.044를 갖는 최적모형이 도출되었다.

이는 공분산 구조방정식의 일반적 평가기준과 비교할 때, χ^2값에 대한 p값이 요건을 충족시키지 않으나 χ^2값이 유의적인 차이가 존재하더라도 실제로 제안모델이 현실을 제대로 반영하는 부합도가 좋은 모델

일 가능성이 크며, 모델 검증의 다른 많은 조건들이 위배되었을 경우가 있기 때문에 이러한 판단을 전적으로 χ^2값에 의존하는 것은 위험하며, 다른 여러 가지 부합지수들을 함께 고려하여 궁극적인 결론을 내려야 한다. 또한 표본의 크기가 200 이상으로 증가하면 대부분의 경우 대응 모델 간의 유의적인 차이가 있는 것으로 제시된다.[139) 구조방정식 모델의 GFI, AGFI, NFI, CFI는 모형적합도 판정 권장수준이 모두 0.9 이상이며 RMR은 0.05 이하의 범위에서 수용한다.

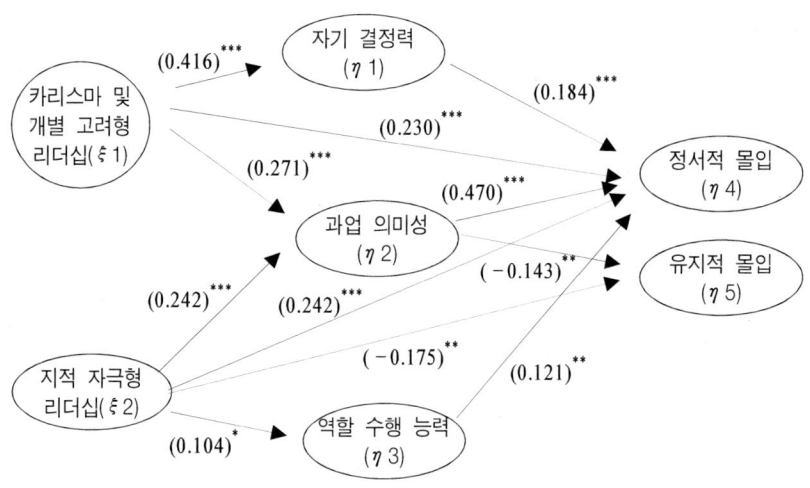

주: ( )안은 Regression weight, * p<0.05   ** p<0.01   *** p<0.001

〈그림 Ⅳ-1〉 공분산구조 분석결과

본 구조방정식 모형은 AGFI를 제외한 CFI, GFI, NFI, RMR이 권장수준에 충족하고 있다.

---

139) 조선배, 「LISLEL 구조방정식 모델」, 영지출판사. 1996, pp.101-104.

〈표 Ⅳ-7〉 연구모형의 적합도 결과

x^2(자유도4) = 37.764, (p = 0.000)		
GFI	=	0.973
AGFI	=	0.812
NFI	=	0.923
CFI	=	0.928
RMR	=	0.044

5) 가설 Ⅴ 검증

가설 Ⅴ는 변혁적 리더십과 조직몰입 간에 연령, 학력, 근속연수의 조절효과를 검증하기 위한 것으로 이를 위해 위계적 회귀분석을 실시하였다. 즉 조직몰입변수를 종속변수로 하여 먼저 변혁적 리더십과 조절변수를 투입한 후, 변혁적 리더십과 조절변수의 곱으로 이루어진 상호작용항을 투입하여 설명력의 변화(ΔR^2)가 유의하게 변화하는지를 분석하였다.

(1) 변혁적 리더십과 정서적 몰입 간의 조절효과 검증

변혁적 리더십과 정서적 몰입 간의 부하의 연령, 학력, 근속연수의 조절효과를 분석한 결과 <표 Ⅳ-8>과 같이 나타났다. 이를 구체적으로 살펴보면 정서적 몰입을 종속변수로 하고, 변혁적 리더십의 각각의 하위요소와 연령, 학력, 근속연수를 독립변수로 한 회귀분석결과(A, B)의 R^2과 변혁적 리더십의 하위 요소와 연령, 학력, 근속연수의 상호작용항(A × B)이 추가됨으로써 증가된 R^2(ΔR^2)을 비교하였다. 그 결과 <표 Ⅳ-8>에 나타난 바와 같이 카리스마 및 개별 고려형 리더십과 정서적 몰입 간에 학력이 조절효과가 있는 것으로 나타났다. 즉 정서적 몰입에 대해 카리스마 및 개별 고려형 리더십과 학력을 동시에 투입하였을 경우 설명력은 19.6%이나, 상호작용항을 추가로 투입하였을 때의 설명력은

22.0%로 0.024%(p<0.01)가 증가하였다. 이는 부하의 학력이 높을수록 상사의 카리스마 및 개별 고려형 리더십이 부하의 정서적 몰입에 미치는 증분 효과가 큼을 보여 주고 있다. 반면 부하의 사회적 경험을 나타내는 연령과 직무경험을 나타내는 근속연수의 조절효과는 통계적으로 유의하지 않았다. 이는 카리스마적 리더십이 부하의 정서적 몰입에 미치는 영향이 부하의 연령과 근속연수의 높고 낮음에 따라 크게 변화하지 않는다는 것을 의미한다. 한편 지적 자극형 리더십과 부하의 정서적 몰입 간의 연령, 학력, 근속연수의 조절효과는 통계적으로 유의하지 않는 것으로 나타났다. 이는 지적 자극형 리더십이 부하의 정서적 몰입에 직접적 영향을 미치나 연령, 학력, 근속연수의 높고 낮음에 따라 영향 정도가 크게 변화하지 않음을 의미한다. 따라서 가설 Ⅴ-1은 부분 채택되었다.

<표 Ⅳ-8> 변혁적 리더십과 정서적 몰입 간의 연령, 학력,
근속연수의 조절효과

종속변수	독 립 변 수	R^2	ΔR^2	ΔF	Sig. F
정서적 몰입	카리스마 및 개별 고려(A), 연령(B) A, B, A × B	.214 .215	.001	0.605	0.437
	카리스마 및 개별 고려(A), 학력(B) A, B, A × B	.196 .220	.024	11.410	0.001
	카리스마 및 개별 고려(A), 근속연수(B) A, B, A × B	.239 .240	.001	0.430	0.770
	지적 자극(A), 연령(B) A, B, A × B	.173 .174	.001	0.074	0.786
	지적 자극(A), 학력(B) A, B, A × B	.132 .135	.003	1.422	0.234
	지적 자극(A), 근속연수(B) A, B, A × B	.448 .448	.000	0.000	0.989

<그림 Ⅳ-2>는 카리스마적 리더십과 학력의 상호작용효과를 살펴보

기 위해 중위수를 기준으로 응답자를 이분화하여 나타난 4개 집단을 독립변수로 하고, 정서적 몰입을 종속변수로 하여 집단 간 평균차를 분석한 것이다. 이를 보면 카리스마적 리더십과 학력이 높은 집단(대졸이상)에서 정서적 몰입을 가장 높게 지각하고 있다. 따라서 학력이 높은 집단일수록 카리스마 및 개별 고려형 리더십이 정서적 몰입에 미치는 증분 효과가 학력의 낮은 집단에 비해 상대적으로 큼을 알 수 있다.

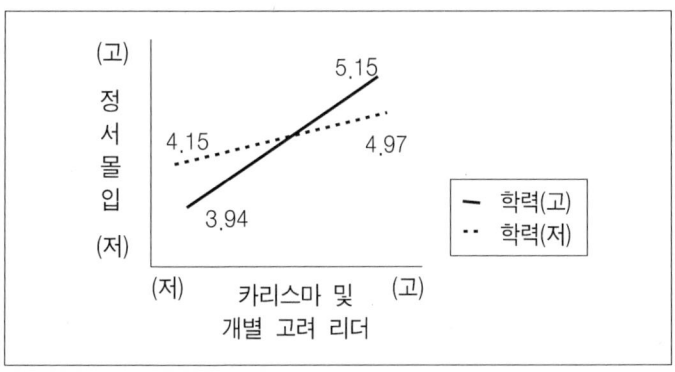

〈그림 Ⅳ-2〉 카리스마 및 개별 고려형 리더십과 정서적 몰입
간의 학력의 조절효과

(2) 변혁적 리더십과 유지적 몰입 간의 조절효과 검증

변혁적 리더십과 유지적 몰입 간의 연령, 학력, 근속연수의 조절효과를 검증한 결과는 <표 Ⅳ-8>에 나타난 바와 같다. 근속연수는 중위수(5년)를 기준으로 양분하였으며 연령 역시 중위수(40세) 기준으로 고저 집단으로 양분하였다. 먼저 카리스마 및 개별 고려형 리더십과 유지적 몰입 간에 부하의 직무경험을 나타내는 근속연수가 조절효과를 보이고 있다. 즉 카리스마 및 개별 고려형 리더십과 근속연수의 상호작용항을 회귀방정식에 투입하였을 경우 ΔR^2이 유의한(p<0.01) 것으로 나타나 양자 간의 관계는 부하의 근속연수에 의해 조절된다고 할 수 있다.

지적 자극형 리더십과 부하의 연령의 상호작용항을 회귀방정식에 투입한 결과의 R^2도 유의한($p<0.05$) 것으로 나타나 지적 자극형 리더십과 유지적 몰입 간에 부하의 연령이 조절효과를 수행하고 있다고 할 수 있다. 기타 학력과 근속연수의 높고 낮음은 양자 간의 관계에 있어 조절효과가 없는 것으로 나타났다. 따라서 가설 Ⅴ-2는 부분 채택되었다.

〈표 Ⅳ-9〉 변혁적 리더십과 유지적 몰입 간의 연령, 학력,
근속연수의 조절효과

종속변수	독 립 변 수	R^2	ΔR^2	ΔF	Sig. F
유지적 몰입	카리스마 및 개별 고려(A), 연령(B) A, B, A × B	.032 .040	.009	0.040	0.068
	카리스마 및 개별 고려(A), 학력(B) A, B, A × B	.015 .015	.000	0.015	0.738
	카리스마 및 개별 고려(A), 근속연수(B) A, B, A × B	.036 .061	.026	0.061	0.002
	지적 자극(A), 연령(B) A, B, A × B	.053 .063	.010	3.861	0.050
	지적 자극(A), 학력(B) A, B, A × B	.043 .044	.001	0.393	0.531
	지적 자극(A), 근속연수(B) A, B, A × B	.060 .060	.000	0.239	0.589

<그림 Ⅳ-3>은 카리스마 및 개별 고려형 리더십과 유지적 몰입 간에 근속연수의 조절효과에 대한 집단 간 차이를 분석한 것이며, <그림 Ⅳ-4>는 지적 자극형 리더십과 유지적 몰입 간에 연령의 조절효과에 대한 집단 간 차이를 분석한 것이다. 전자의 경우 근속연수가 낮을수록 유지몰입에 대한 지각 정도가 낮게 나타나고 있다. 특히 카리스마 및 개별 고려형 리더십하에서 근속연수가 낮은 부하들의 유지몰입에 대한 지각 정도가 가장 낮게 나타났다. 이는 이 집단들이 개인과 조직 간의 경제적, 합리적 관계에 의해 집단에 남아 있으려는 정도가 낮은 것을 알 수 있

다. 이는 좋은 조건으로의 이직 의사가 상대적으로 낮음을 의미한다.

후자의 경우도 연령이 낮을수록 상대적으로 유지몰입 정도가 낮게 나타나고 있는데, 특히 지적 자극형 리더하의 연령이 낮은 부하들이 상대적으로 유지몰입 정도가 낮게 나타나고 있다. 따라서 이 집단에서 이직 의사가 상대적으로 낮음을 의미한다.

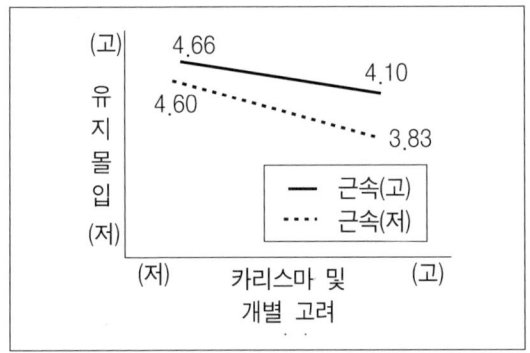

〈그림 Ⅳ-3〉 카리스마 및 개별 고려형
리더십과 유지적 몰입 간의 근속연수의 조절효과

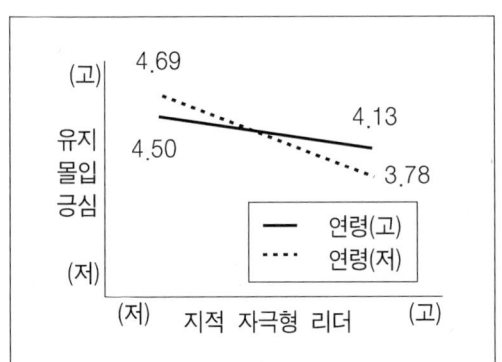

〈그림 Ⅳ-4〉 지적 자극형 리더십과 유지적
몰입 간의 연령의 조절효과

5) 가설 Ⅵ 검증

가설 Ⅵ은 변혁적 리더십과 임파워먼트 간의 연령, 학력, 근속연수의 조절효과를 검증하기 위한 것이다. 이를 위해 임파워먼트를 종속변수로 하고 회귀방정식에 변혁적 리더십과 연령, 학력, 근속연수(A, B)를 투입한 결과와 변혁적 리더십과 연령, 학력, 근속연수의 상호작용항을 추가 투입한 결과(A × B)의 ΔR^2을 비교하였다.

(1) 변혁적 리더십과 자기 결정력 간의 조절효과 검증

변혁적 리더십과 임파워먼트의 구성요인 중 하나인 자기 결정력 간의 연령, 학력, 근속연수의 매개효과 가설검증은 <표 Ⅳ-10>으로 나타나 있다. 카리스마 및 개별 고려형 리더십과 직무에 대한 부하의 자기 결정력 간에는 연령, 학력, 근속연수가 조절 역할을 수행하고 있다. 이를 구체적으로 살펴보면 다음과 같다. 먼저 양자 간의 관계에 있어 연령의 상호작용항을 투입할 경우 R^2은 0.010%(p<0.05) 증대되었다. 이는 연령이 양자 간의 조절효과를 수행하고 있음을 의미한다. 또한 학력의 상호작용항을 투입할 경우 R^2이 0.014%(p<0.01) 증대되었고, 근속연수의 상호작용항을 투입할 경우 R^2은 0.034%(p<0.05) 증대되었다. 이는 학력과 근속연수 역시 카리스마 및 개별 고려형 리더십의 발휘와 부하의 업무에 대한 자기 결정력 간의 조절효과를 보임을 의미한다.

한편 지적 자극형 리더십과 부하의 직무에 대한 자기 결정 간에 연령, 학력, 근속연수의 조절효과는 없는 것으로 나타났다. 이는 양자 간의 관계에 있어 부하의 연령, 학력, 근속연수의 높고 낮음에 따라 크게 변화하지 않는다는 것을 의미한다. 따라서 가설 Ⅵ-1은 부분 채택되었다.

〈표 Ⅳ-10〉 변혁적 리더십과 자기 결정력 간의 연령, 학력, 근속연수의 조절효과

종속변수	독 립 변 수	R^2	ΔR^2	ΔF	Sig. F
자기 결정력	카리스마 및 개별 고려(A), 연령(B) A, B, A × B	.220 .231	.010	5.050	0.025
	카리스마 및 개별 고려(A), 학력(B) A, B, A × B	.242 .256	.014	7.098	0.008
	카리스마 및 개별 고려(A), 근속연수(B) A, B, A × B	.194 .228	.034	16.554	0.000
	지적 자극(A), 연령(B) A, B, A × B	.069 .072	.003	1.185	0.277
	지적 자극(A), 학력(B) A, B, A × B	.077 .079	.002	0.255	0.964
	지적 자극(A), 근속연수(B) A, B, A × B	.041 .049	.008	0.079	0.335

<그림 Ⅳ-5>는 카리스마 및 개별 고려형 리더십과 부하의 업무에 대한 자기 결정력 간에 연령의 조절효과를 구체적으로 살펴보기 위해 집단 간 평균 차이를 분석한 것이다. <그림 Ⅳ-5>에서 보는 바와 같이 연령이 높은 집단에서의 카리스마 및 개별 고려형 리더십의 발휘는 연령이 낮은 집단보다 부하의 자기 결정력을 높게 지각하고 있다. 따라서 연령이 높은 집단일수록 카리스마 및 개별 고려형 리더십의 발휘가 업무에 대한 자기 결정력을 높이는 데 기여하고 있음을 알 수 있다.

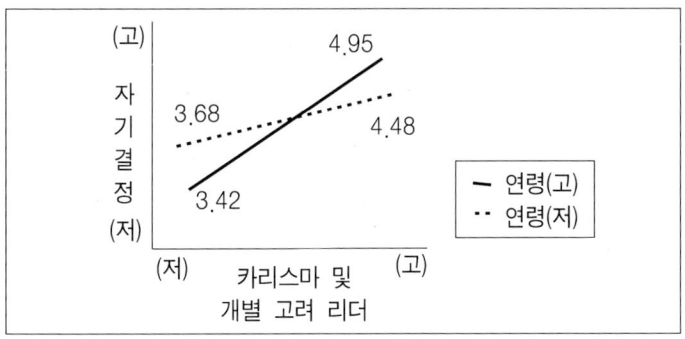

〈그림 Ⅳ-5〉 카리스마 및 개별 고려형 리더십과 자기 결정력
간의 연령의 조절효과

<그림 Ⅳ-6>과 <그림 Ⅳ-7>은 각각 학력과 근속연수의 조절효과를 살펴보기 위한 집단 간 평균차를 검증한 것이다. 먼저 학력의 조절효과를 구체적으로 살펴보면 카리스마 및 개별 고려형 리더에 대한 지각이 높고 학력이 높은 집단에서 부하들이 직무의 자기 결정력에 대한 지각이 가장 높게 나타나고 있다. 또한 근속연수의 조절효과를 보면 근속연수가 길수록 카리스마 및 개별 고려형 리더십이 직무의 자기 결정력에 미치는 증분 효과가 근속연수가 짧은 집단보다 큰 것으로 나타났다.

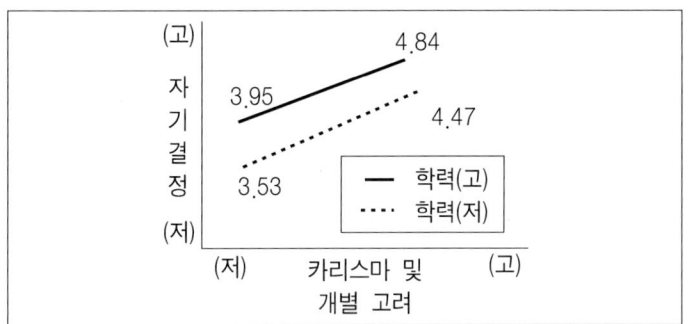

〈그림 Ⅳ-6〉 카리스마 및 개별 고려형 리더십과 자기
결정력 간의 학력의 조절효과

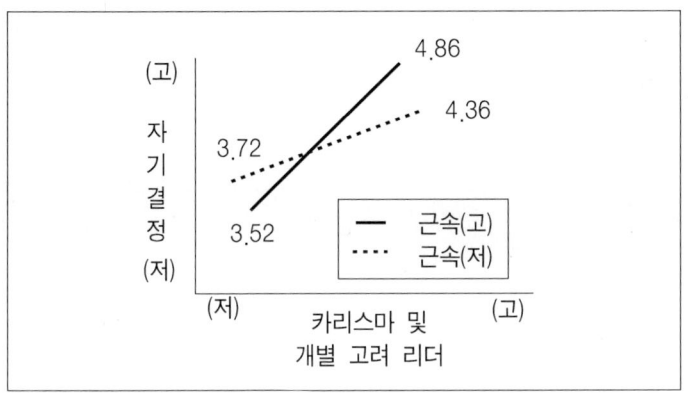

〈그림 Ⅳ-7〉 카리스마 및 개별 고려형 리더십과 자기
결정력 간의 근속연수의 조절효과

(2) 변혁적 리더십과 과업 의미성 간의 조절효과 검증

변혁적 리더십과 과업 의미성 간의 연령, 학력, 근속연수의 조절효과
에 대한 검증결과는 <표 Ⅳ-11>에 나타난 바와 같다. 회귀방정식에
카리스마 및 개별 고려형 리더십과 부하의 학력의 상호작용항을 추가
투입하였을 경우 투입 전에 비해 R^2이 0.050%(p<0.001) 증대되었다.
이는 카리스마 및 개별 고려형 리더십과 부하의 과업 의미성 간에 학
력이 조절효과가 있음을 의미한다. 그러나 양자 간의 관계에 있어 연령
과 근속연수의 상호작용항을 회귀방정식에 추가 투입할 경우의 ΔR^2은
통계적으로 유의하지 않았다. 이는 연령과 근속연수의 높고 낮음에 따
라 양자의 관계가 크게 변화하지 않음을 의미한다.

지적 자극형 리더십과 과업 의미성 간에도 부하의 학력이 조절 역할
을 수행하고 있다. 즉 지적 자극형 리더십과 과업 의미성의 상호작용항
을 회귀방정식에 투입한 경우 ΔR^2이 통계적으로 유의(p<0.01)하였다.
한편 부하의 연령과 근속연수의 높고 낮음은 지적 자극형 리더십과 과
업 의미성 간의 관계에 있어 조절효과가 없는 것으로 나타났다. 따라서

가설 Ⅵ-2는 부분 채택되었다.

<표 Ⅳ-11> 변혁적 리더십과 과업 의미성 간의 연령, 학력,
근속연수의 조절효과

종속변수	독 립 변 수	R^2	ΔR_2	ΔF	Sig.F
과업 의미성	카리스마 및 개별 고려(A), 연령(B) A, B, A × B	.077 .077	.000	0.204	0.652
	카리스마 및 개별 고려(A), 학력(B) A, B, A × B	.075 .125	.050	1.125	0.000
	카리스마 및 개별 고려(A), 근속연수(B) A, B, A × B	.073 .074	.001	0.158	0.691
	지적 자극(A), 연령(B) A, B, A × B	.059 .061	.002	0.954	0.392
	지적 자극(A), 학력(B) A, B, A × B	.059 .079	.019	7.721	0.006
	지적 자극(A), 근속연수(B) A, B, A × B	.059 .059	.000	0.058	0.809

<그림 Ⅳ-8>과 <그림 Ⅳ-9>는 학력의 조절효과를 구체적으로 살펴보기 위해 집단 간 평균차를 분석한 것이다. 먼저 과업 의미성에 대한 지각은 카리스마 및 개별 고려형 리더십에 대한 지각이 높고 학력이 높은 집단에서 가장 높게 지각하고 있다. 또한 학력이 높은 집단이 낮은 집단에 비해 과업 의미성에 대한 증분 효과가 상대적으로 높게 나타나고 있다. 그리고 지적 자극형 리더십과 관련하여, 지적 자극형 리더십에 대한 지각이 높고 학력이 높은 집단일수록 과업 의미성에 대한 지각도 상대적으로 높은 것으로 나타났다. 또한 학력이 높은 집단이 낮은 집단에 비해 지적 자극형 리더십이 과업 의미성에 대한 증분 효과도 높은 것으로 나타났다.

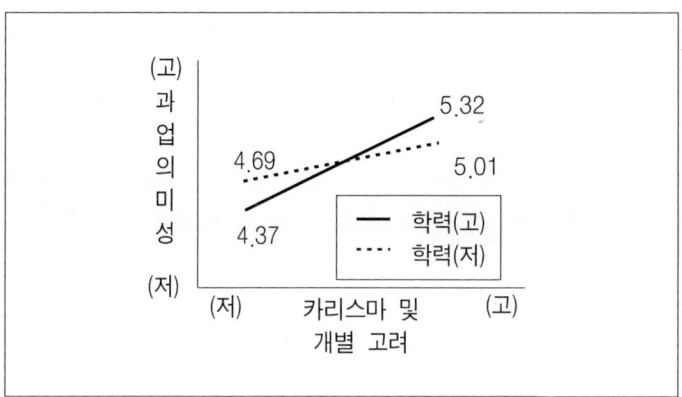

〈그림 Ⅳ-8〉 카리스마 및 개별 고려형 리더십과
과업 의미성 간의 학력의 조절효과

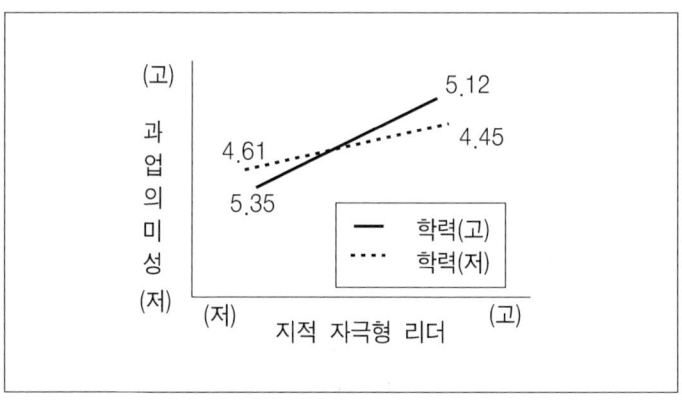

〈그림 Ⅳ-9〉 지적 자극형 리더십과 과업
의미성 간의 학력의 조절효과

(3) 변혁적 리더십과 역할 수행 능력 간의 조절효과 검증

변혁적 리더십과 부하의 역할 수행 능력 간의 부하의 연령, 학력, 근
속연수의 조절효과는 <표 Ⅳ-12>에 나타난 바와 같이 학력만이 조절
효과를 보이고 있다. 즉 카리스마 및 개별 고려형 리더십과 부하의 역

할 수행 능력 간에 부하의 학력의 조절효과는 ΔR^2이 0.024로 통계적으로 의미 있는 효과를 보이고 있다. 그러나 연령 근속연수는 조절효과를 보이고 있지 않다. 또한 지적 자극형 리더십과 부하의 역할 수행 능력 간에는 연령, 학력, 근속연수의 높고 낮음에 따라 크게 변하지 않는 것으로 나타났다. 따라서 가설 Ⅵ-3은 부분 채택되었다.

〈표 Ⅳ-12〉 변혁적 리더십과 역할 수행 능력 간의 연령, 학력, 근속연수의 조절효과

종속변수	독 립 변 수	R^2	ΔR^2	ΔF	Sig. F
역할 수행 능력	카리스마 및 개별 고려(A), 연령(B) A, B, A × B	.007 .014	.008	2.857	0.092
	카리스마 및 개별 고려(A), 학력(B) A, B, A × B	.009 .033	.024	9.444	0.002
	카리스마 및 개별 고려(A), 근속연수(B) A, B, A × B	.014 .018	.004	1.590	0.208
	지적 자극(A), 연령(B) A, B, A × B	.014 .014	.000	0.000	0.998
	지적 자극(A), 학력(B) A, B, A × B	.015 .015	.000	0.007	0.933
	지적 자극(A), 근속연수(B) A, B, A × B	.021 .027	.006	2.318	0.129

학력의 조절효과를 구체적으로 살펴보면 <그림 Ⅳ-10>에 나타난 바와 같이 학력이 낮고 카리스마 및 개별 고려형 리더에 대한 지각이 높은 집단에서 역할 수행 능력을 가장 높게 지각하고 있다. 또한 낮은 학력의 집단에서 카리스마 및 개별 고려형 리더십이 역할 수행 능력에 미치는 증분 효과가 상대적으로 약간 큰 것으로 나타났다.

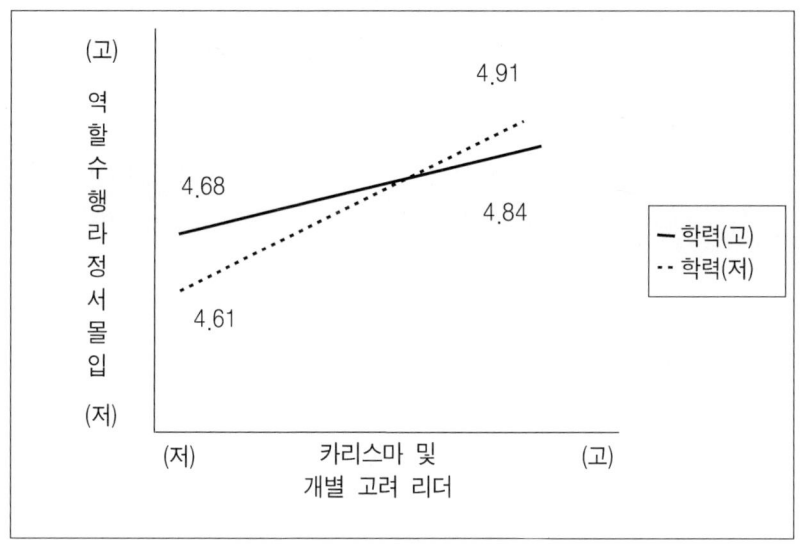

〈그림 Ⅳ-10〉카리스마 및 개별 고려형 리더십과
역할 수행 능력 간의 학력의 조절효과

2. 가설검증결과의 요약

변혁적 리더십, 조직몰입, 임파워먼트 간의 인과관계를 설정한 가설
Ⅰ-Ⅲ를 검증한 결과를 요약하면 <표 Ⅳ-13>과 같다. 변혁적 리더십
과 조직몰입 간의 인과관계를 설정한 가설 Ⅰ의 검증결과, 변혁적 리더
십의 2가지 하위 리더십 유형 모두가 정서적 몰입에 정(+)의 영향을
미치는 반면, 유지적 몰입에는 지적 자극형 리더십만이 부(-)의 영향
을 미치고 있다. 또한 변혁적 리더십과 임파워먼트 간의 인과관계를 설
정한 가설 Ⅱ를 검증한 결과, 변혁적 리더십의 2가지 하위 리더십 유
형 모두가 부하의 과업 의미성에는 정(+)의 영향을 미치는 반면, 자기
결정력에는 카리스마 및 개별 고려형 리더십, 역할 수행 능력에는 지적

자극형 리더십만이 정(+)의 영향을 미치고 있다. 그리고 임파워먼트와 조직몰입 간의 관계를 설정한 가설 Ⅲ의 검증결과 임파워먼트의 3가지 하위 구성요소 모두가 정서적 몰입에 정(+)의 영향을 미치는 반면, 유지적 몰입에는 과업 의미성만이 부(-)의 영향을 미치고 있다.

<표 Ⅳ-13> 인과관계의 가설검증결과의 요약

가설	경 로	Regression Weight	P-value	가설 검증
Ⅰ-1	카리스마 및 개별 고려(ξ1) → 정서적 몰입(η4)	0.230	0.000	채택
	지적 자극형 리더십(ξ2) → 정서적 몰입(η4)	0.242	0.000	채택
Ⅰ-2	카리스마 및 개별 고려(ξ1) → 유지적 몰입(η5)	-0.072	0.203	기각
	지적 자극형 리더십(ξ2) → 유지적 몰입(η5)	-0.175	0.001	채택
Ⅱ-1	카리스마 및 개별 고려(ξ1) → 자기 결정력(η1)	0.416	0.000	채택
	지적 자극형 리더십(ξ2) → 자기 결정력(η1)	-0.034	0.469	기각
Ⅱ-2	카리스마 및 개별 고려(ξ1) → 과업 의미성(η2)	0.271	0.000	채택
	지적 자극형 리더십(ξ2) → 과업 의미성(η2)	0.242	0.000	채택
Ⅱ-3	카리스마 및 개별 고려(ξ1) → 역할 수행 능력(η3)	0.072	0.158	기각
	지적 자극형 리더십(ξ2) → 역할 수행 능력(η3)	0.104	0.042	채택
Ⅲ-1	자기 결정력(η1) → 정서적 몰입(η4)	0.184	0.000	채택
	과업 의미성(η2) → 정서적 몰입(η4)	0.470	0.000	채택
	역할 수행 능력(η3) → 정서적 몰입(η4)	0.121	0.001	채택
Ⅲ-2	자기 결정력(η1) → 유지적 몰입(η5)	-0.026	0.638	기각
	과업 의미성(η2) → 유지적 몰입(η5)	-0.143	0.007	채택
	역할 수행 능력(η3) → 유지적 몰입(η5)	0.023	0.649	기각

한편 변혁적 리더십과 조직몰입 간의 부하의 연령, 학력, 근속연수의 조절효과를 설정한 가설 Ⅴ의 가설검증을 요약하면 <표 Ⅳ-14>와 같다. 먼저 변혁적 리더십의 하위 유형과 정서적 몰입 간에는 부하의 학력만이 카리스마 및 개별 고려형 리더십과 정서적 몰입 간에 조절효과

가 있는 것으로 나타났고, 부하의 연령과 근속연수는 양자 간에 조절효과가 없는 것으로 나타났다. 또한 변혁적 리더십의 하위 유형과 유지적 몰입 간의 조절효과 가설검증, 카리스마 및 개별 고려형 리더십과 유지적 몰입 간에는 부하의 근속연수가, 지적 자극형 리더십과 유지적 몰입 간에는 부하의 연령이 각각 조절효과가 있는 것으로 나타났다.

〈표 Ⅳ-14〉 변혁적 리더십과 조직몰입 간의 조절효과 가설검증의 요약

가설	종속변수	독 립 변 수	ΔR^2	Sig.F	가설검증
V-1	정서몰입	카리스마 및 개별 고려(A), 연령(B) A, B, A × B	0.001	0.437	기각
		카리스마 및 개별 고려(A), 학력(B) A, B, A × B	0.024	0.001	채택
		카리스마 및 개별 고려(A), 근속연수(B) A, B, A × B	0.001	0.770	기각
		지적 자극(A), 연령(B) A, B, A × B	0.001	0.786	기각
		지적 자극(A), 학력(B) A, B, A × B	0.003	0.234	기각
		지적 자극(A), 근속연수(B) A, B, A × B	0.000	0.989	기각
V-2	유지몰입	카리스마 및 개별 고려(A), 연령(B) A, B, A × B	0.009	0.068	기각
		카리스마 및 개별 고려(A), 학력(B) A, B, A × B	0.000	0.738	기각
		카리스마 및 개별 고려(A), 근속연수(B) A, B, A × B	0.026	0.002	채택
		지적 자극(A), 연령(B) A, B, A × B	0.010	0.050	채택
		지적 자극(A), 학력(B) A, B, A × B	0.001	0.531	기각
		지적 자극(A), 근속연수(B) A, B, A × B	0.000	0.589	기각

변혁적 리더십과 임파워먼트 간의 부하의 연령, 학력, 근속연수의 조절효과를 설정한 가설 Ⅵ의 검증결과를 요약하면 <표 Ⅳ-15>와 같다. 먼저 카리스마 및 개별 고려형 리더십과 자기 결정력 간에는 부하의 연령, 학력, 근속연수가 조절효과가 있는 것으로 입증되었고, 지적 자극형 리더십과 자기 결정력 간에는 이들 조절변수들의 조절효과가 없는 것으로 나타났다. 카리스마 및 개별 고려형 리더십과 과업 의미성, 지적 자극형 리더십과 과업 의미성 간에는 부하의 학력이 조절효과가 있는 것으로 입증되었다. 그리고 카리스마적 리더십과 역할 수행 능력 간에 학력의 조절효과를 입증하였다. 기타 근속연수 및 연령은 변혁적 리더십과 과업 의미성, 역할 수행 능력 간에 조절효과가 없는 것으로 나타났다.

〈표 Ⅳ-15〉 변혁적 리더십과 임파워먼트 간의 조절효과 검증결과의 요약

가설	종속변수	독 립 변 수	ΔR^2	Sig.F	가설 검증
Ⅵ-1	자기 결정력	카리스마 및 개별 고려(A), 연령(B) A, B, A × B	0.010	0.025	채택
		카리스마 및 개별 고려(A), 학력(B) A, B, A × B	0.140	0.008	채택
		카리스마 및 개별 고려(A), 근속연수(B) A, B, A × B	0.034	0.000	채택
		지적 자극(A), 연령(B) A, B, A × B	0.003	0.277	기각
		지적 자극(A), 학력(B) A, B, A × B	0.002	0.964	기각
		지적 자극(A), 근속연수(B) A, B, A × B	0.008	0.335	기각

가설	종속변수	독 립 변 수	ΔR^2	Sig.F	가설 검증
Ⅵ-2	과업 의미성	카리스마 및 개별 고려(A), 연령(B) A, B, A × B	0.000	0.652	기각
		카리스마 및 개별 고려(A), 학력(B) A, B, A × B	0.050	0.000	채택
		카리스마 및 개별 고려(A), 근속연수(B) A, B, A × B	0.001	0.691	기각
		지적 자극(A), 연령(B) A, B, A × B	0.002	0.392	기각
		지적 자극(A), 학력(B) A, B, A × B	0.019	0.006	채택
		지적 자극(A), 근속연수(B) A, B, A × B	0.000	0.809	기각
Ⅵ-3	역할 수행 능력	카리스마 및 개별 고려(A), 연령(B) A, B, A × B	0.008	0.092	기각
		카리스마 및 개별 고려(A), 학력(B) A, B, A × B	0.024	0.002	채택
		카리스마 및 개별 고려(A), 근속연수(B) A, B, A × B	0.004	0.208	기각
		지적 자극(A), 연령(B) A, B, A × B	0.000	0.998	기각
		지적 자극(A), 학력(B) A, B, A × B	0.000	0.933	기각
		지적 자극(A), 근속연수(B) A, B, A × B	0.006	0.129	기각

제5장
결 론

1. 연구결과의 요약 및 논의

본 연구는 변혁적 리더십과 임파워먼트 그리고 조직몰입 간의 연구성과를 종합·분석하여 새로운 연구모형을 제시하고 이를 분석·검증하는 내용으로 이루어졌다. 연구모형은 변혁적 리더십과 조직몰입, 변혁적 리더십과 임파워먼트, 임파워먼트와 조직몰입 간의 관계와 변혁적 리더십이 구성원의 임파워먼트와 조직몰입에 미치는 영향 그리고 변혁적 리더십과 조직몰입 및 임파워먼트 간의 부하의 연령, 학력, 근속연수의 조절효과를 검증할 수 있도록 설계되었다. 변혁적 리더십의 측정 변수는 Bass의 MLQ를 활용하였고, 임파워먼트는 Fiedler(1993)와 Spreitzer(1995)가 개발한 항목 중 과업 의미성, 역할 수행 능력, 자기 결정력을 측정하였으며, 조직몰입은 Meyer와 Allen(1990)의 측정도구를 이용하여 한국의 근로자를 대상으로 측정한 Ko, Price와 Mueller(1997)의 측정도구를 활용하였다. 조절변수는 그간의 연구성과를 토대로 부하의 학습경험을 측정할 수 있는 변수를 선정하였는데 사회적 학습경험을 측정할 수 있는 변수로 연령과 학력을, 조직 내 학습경험을 측정할 수 있는 변수로 근속연수를 선정하였다.

본 연구모형이 기존의 변혁적 리더십 연구성과와 다른 점은 변혁적 리더십과 조직몰입 간의 선형적 연구에 치중하지 않고 변혁적 리더십이 임파워먼트를 거쳐 조직몰입에 영향을 미치는 간접효과를 고려하였으며, 부하의 학습경험의 조절효과를 검증하는 상황론적 접근을 시도하였다는 점이다. 이러한 연구모형 및 연구가설검증의 개략적 결과는 다음과 같다.

첫째, 연구모형에 투입된 변수들의 신뢰성 및 타당성을 검증한 결과 변혁적 리더십은 Bass의 연구결과와는 달리 카리스마적 리더십과 개별 고려형 리더십이 하나의 요인으로 나타나 Bass의 MLQ 요인구조가 불안정하다는 기존의 연구결과(백기복, 2000)를 지지하고 있다. 임파워먼트는 3개 요인으로 묶여 Fiedler(1993)와 Spreitzer(1995)의 연구결과와 일치하고, 조직몰입도 2개 요인으로 묶여 Ko, Price와 Mueller(1997)의 연구결과와 일치하여 각각 내적 일관성을 보이고 있다 따라서 각각의 하위 구성요인들은 서로 상이한 개념임을 보여 주고 있다.

둘째, 가설검증의 기초로서 행한 상관관계 분석결과 연구모형에 투입된 각각의 변수 간에 상관관계가 있음이 도출되었으나 유지적 몰입 간에는 부(-)의 상관을 보였다. 특히 변혁적 리더십과 정서적 몰입 간의 상관관계가 가장 높게 나타나 변혁적 리더십이 임파워먼트를 통제하고도 직접적 영향을 미칠 수 있음을 암시하였다.

셋째, 연구모형의 인과관계를 검증한 공분산구조분석을 실시한 결과 $\chi^2 = 37.764$, d.f. $= 4$, p-value $= 0.000$, GFI $= 0.973$, AGFI $= 0.812$, NFI $= 0.923$, CFI $= 0.928$, RMR $= 0.044$를 갖는 최적모형이 도출되었다. 또한 각각의 외생변수들이 내생변수에 미치는 영향이 상이함을 알 수 있었다. 즉 부하의 정서적 몰입에는 카리스마 및 개별 고려형 리더십과 지적 자극형 리더십이, 유지적 몰입에는 지적 자극형 리더십만이 영향을 미치고 있었다. 또한 임파워먼트의 하위 구성요소인 자기 결정력에는 카리스마 및 개별 고려형 리더십이, 역할 수행 능력에는 지적 자극형 리더십이 영향을 미치고 있으며, 과업 의미성에는 변혁적 리더십의 2가지 하위 리더십 유형 모두가 영향을 미치고 있었다. 그리고 임파워먼트와 조직몰입 간의 관계에 있어서 정서적 몰입에는 임파워먼트의 3가지 하위 구성요인들이 모두 영향을 미치지만, 유지적 몰입에는 과업 의미성만이 영향을 미치고 있었다.

넷째, 부하의 학습경험의 조절효과를 부분적으로 확인하였다. 즉 변혁적 리더십과 조직몰입 간의 관계에 있어 부하의 사회적 경험을 나타내는 학력이 카리스마 및 개별 고려형 리더십과 정서적 몰입, 유지적 몰입 간에 조절 역할을 수행하며, 연령은 지적 자극형 리더십과 유지적 몰입 간의 조절 역할을 수행하였다. 또한 변혁적 리더십과 임파워먼트 간의 관계에 있어 부하의 학력이 카리스마 및 개별 고려형 리더십과 자기 결정력, 과업 의미성, 과업수행 능력 간의 조절효과를 보였으며, 지적 자극형 리더십과 과업 의미성 간에 조절효과를 나타내었다. 연령과 근속연수는 카리스마 및 개별 고려형 리더십과 자기 결정력 간에 조절효과가 있는 것으로 나타났다.

연구결과를 가설별로 좀더 구체적으로 논의해 보면 다음과 같다.

1) 변혁적 리더십과 조직몰입 간의 관계

가설 Ⅰ의 검증결과 변혁적 리더십의 2가지 하위 유형은 정서적 몰입에 긍정적 영향을 미치고 있음을 입증하였는데, 이는 Hater와 Bass(1988), O'Reilly와 Chatman(1986), Mathieu와 Zajac(1990), Summer, Bae와 Luthans(1996)의 연구와 이덕로(1994)의 연구결과와 비슷하다. 따라서 변혁적 리더십은 동서양을 막론하고 부하들의 조직에 대해 느끼는 일체감을 증대시키는 요인으로 작용하고 있음을 알 수 있다. 한편 변혁적 리더십 중 지적 자극형 리더십은 유지적 몰입에 부(-)의 영향을 미치고, 카리스마 및 개별 고려형 리더십은 의미 있는 영향을 미치지 않는 것으로 나타났다. 이는 부하의 지적 창의력을 요구하는 리더십 유형이 경제적

· 거래적 관계에 의해 조직에 남으려는 의사를 감소하는 요인으로 작용하고 있음을 의미한다.

이상의 연구결과 변혁적 리더십은 대체로 조직몰입을 증대시키는 선행요인으로 작용하고 있고, 호텔 경영자들에게 변화하는 환경에 적응할 수 있는 새로운 리더십 패러다임으로 변혁적 리더십의 가능성을 암시해 주고 있다.

2) 변혁적 리더십과 임파워먼트 간의 관계

가설 Ⅱ의 검증결과 카리스마 및 개별 고려형 리더십은 부하의 자기결정력 및 과업 의미성에, 지적 자극형 리더십은 부하의 과업 의미성 및 역할 수행 능력에 긍정적 영향을 미치는 것으로 나타났다. 이러한 연구결과는 외국의 Bennis와 Nanus(1985), Conger와 Kanungo(1988), Susan(1992), House(1995), 국내의 유승동(1999)의 연구결과와 비슷하게 나타났다. 이는 변혁적 리더십이 부하의 내재적 동기유발을 통해 임파워먼트의 증대로 이어짐을 입증하는 것이다. 따라서 상사의 변혁적 리더십의 발휘는 호텔 종사원들로 하여금 자신의 직무에 대한 작업 목표와 개인의 역할, 태도, 행동을 일치시키고, 업무수행 자율적 의사결정을 향상시킴은 물론 나아가 업무수행 능력을 향상시키는 요인으로 작용할 수 있다.

3) 임파워먼트와 조직몰입 간의 관계4646

가설 Ⅲ의 검증결과 임파워먼트와 정서적 몰입은 정서적 몰입의 증대에 긍정적 영향을 미치고, 임파워먼트의 하위 구성요인 중 과업 의미성은 유지적 몰입을 감소시키는 데 영향을 미치는 것으로 나타났다. 임파워먼트와 정서적 몰입 간의 연구결과는 국외의 Thomas와 Velthouse(1990), Summer, Bae와 Wtham(1996)과 비슷하게 나타났다. 양자 간의 인과관계의 분석결과를 종합하면 과업목표와 업무수행자 자신의 역할, 태도, 행동의 일치, 자신의 업무에 대한 자율성 증대, 업무에 대한 역할 수행 능력의 증대는 조직과 자신의 일체감을 증대시키는 요인으로 작용함을 알 수 있다. 또한 과업목표와 업무수행자 자신의 역할, 태도, 행동의 일치는 자신과 조직 간의 경제적·거래적 관계에 의해 조직에 남는다는 생각을 감소시키는 요인으로 작용한다.

4) 변혁적 리더십, 임파워먼트, 조직몰입 간의 관계

가설 Ⅳ의 검증을 위해 공분산구조분석을 실시한 결과 $\chi^2 = 37.764$, d.f. = 4, p-value = 0.000, GFI = 0.973, AGFI = 0.812, NFI = 0.923, CFI = 0.928, RMR = 0.044를 갖는 최적모형이 도출되었다. 또한 각각의 외생변수들이 내생변수에 미치는 영향이 상이함을 알 수 있었다. 즉 부하의 정서적 몰입에는 카리스마 및 개별 고려형 리더십과 지적 자극형 리더십이, 유지적 몰입에는 지적 자극형 리더십만이 영향을 미치고 있었다. 또한 임파워먼트의 하위 구성요소인 자기 결정력에는 카리스마 및 개별 고려형 리더십이, 역할 수행 능력에는 지적 자극형 리더십이 영향을 미치고 있으며, 과업 의미성에는 변혁적 리더십의 2가지 하위 리더십 유형 모두가 영향을 미치고 있었다. 그리고 임파워먼트와 조직몰입 간의 관계에 있어서 정서적 몰입에는 임파워먼트의 3가지 하위 구성요인들이 모두 영향을 미치지만, 유지적 몰입에는 과업 의미성만이 영향을 미치고 있었다.

이상의 인과관계 분석결과 변혁적 리더십은 조직몰입에 직접적 영향을 미치기도 하지만 임파워먼트를 증대시켜 궁극적으로 조직몰입을 증대시키는 요인으로 작용하기도 한다. 즉 변혁적 리더십은 부분적으로나마 임파워먼트를 매개하여 조직몰입에 영향을 미치고 있음을 밝혔다.

5) 조절효과 분석결과에 대한 논의

가설 Ⅴ의 검증결과 카리스마 및 개별 고려형 리더십과 정서적 몰입 및 유지적 몰입 간에 각각 학력과 근속연수가, 지적 자극형 리더십과 유지적 몰입 간에는 연령이 조절효과가 있는 것으로 나타났다. 이를 사후분석한 결과에 따르면, 학력이 높은 부하들에게 카리스마 및 개별 고려형 리더십의 발휘가 낮은 집단에 비해 정서적 몰입을 더 증대시킬 수 있고, 근속연수가 낮은 집단에서 카리스마 및 개별 고려형 리더십의 발휘와 연령이 낮은 집단에서 지적 자극형 리더십의 발휘가 유지몰입을 더 감소시킬 수 있음을 확인할 수 있었다.

가설 Ⅵ의 가설검증 카리스마 및 개별 고려형 리더십과 임파워먼트의 3가지 하위 구성요인 간에 부하의 학력이 조절효과가 있는 것으로 나타났다. 이를 사후분석하면 학력이 높은 집단에서 카리스마 및 개별 고려형 리더십의 발휘는 부하의 자기 결정력과 과업 의미성을 더 높일 수 있고, 학력이 낮은 집단에서의 이러한 리더십의 발휘는 부하의 역할 수행 능력을 상대적으로 더 높일 수 있음을 의미한다. 또한 지적 자극형 리더십과 과업 의미성 간에도 학력이 조절효과를 수행하는데, 이의 사후분석결과는 학력이 높은 집단에서의 지적 자극형 리더십의 발휘가 부하의 과업 의미성 향상에 더 효과적임을 의미한다.

한편 연령과 근속연수는 카리스마 및 개별 고려형 리더십과 부하의 자기 결정력 간의 관계를 조절하고 있는데, 사후분석결과는 연령이 높은 집단과 근속연수가 많은 집단에서 이러한 리더십 발휘가 낮은 집단에 비해 부하의 과업에 대한 자기 결정력을 더 증대시킴을 의미한다.

이상의 부하의 학습경험에 대한 조절효과 분석결과는 부하의 부분적으로나마 부하의 학력, 연령, 근속연수가 많고 적음에 따라 변혁적 리더십의 조직몰입과 임파워먼트에 미치는 영향이 차이가 있음을 입증하고 있다.

2. 연구결과의 시사점 및 한계

본 연구의 모형 및 가설검증결과 몇 가지 시사점을 내포하고 있다.

첫째, 호텔산업의 급격한 환경변화에 능동적으로 대처할 수 있는 리더 양성이 시급한 시점에서 변혁적 리더십의 육성을 강조하였다. IMF 이후 제주지역 관광호텔업은 급격한 환경변화에 직면하고 있으며, 이러한 환경변화에 대응하기 위한 적절한 전략을 모색하고 있다. 이는 패러다임의 변화에 근거한 조직변화를 의미하는 것이며, 이러한 조직변화는 이를 주도할 새로운 리더십의 필요성이 요구된다. 이러한 리더십 뉴패러다임 중 하나가 인본주의적 철학에 입각하여 부하의 신념, 욕구, 가치를 변화시켜 급변하는 조직 환경에 능동적으로 대처하고 개척할 수 있는 능력을 향상시키고자 하는 변혁적 리더십이며, 본 연구는 이러한 변혁적 리더십의 효과성을 입증하였다.

둘째, 변혁적 리더십과 조직몰입 간의 직접 효과뿐만 아니라 한 단계 더 나아가 임파워먼트를 통한 간접적 효과도 입증하였다. 그간의 변혁적 리더십과 조직몰입 간의 연구는 양자 간의 직접적 선형관계에 대한 연구에 집중되어 있었다. 임파워먼트의 개념이 학자 간에 통일성을 기하지 못한 데에도 그 원인이 있지만 임파워먼트를 매개로 한 간접효과에 대한 검증도 임파워먼트의 전반적 측정보다는 부분적 요소(예를 들어 자기권능감)에 한정되어 왔다. 본 연구는 임파워먼트 Fiedler(1993)와 Spreitzer(1995)에 의해 타당성이 검증된 3가지 개념을 토대로 임파워먼트를 측정하고, 변혁적 리더십과 조직몰입 간의 임파워먼트를 통한 간접효과를 입증하였다. 따라서 경영자들은 변혁적 리더십의 효과를 발휘하기 위해서 변혁적 리더십의 직접적 효과에만 치우치지 말고 이것이 임파워먼트와 조직몰입으로 연결되도록 노력해야 한다.

셋째, 부하의 사회적 학습경험(학력, 연령)과 조직 내 학습경험(근속연수)이 변혁적 리더십과 조직몰입 및 임파워먼트 간의 조절 역할을 수행함을 밝혔다. 즉 변혁적 리더십의 각각의 하위 유형과 조직몰입 및 임파워먼트의 하위 요소 간에 부분적으로나마 부하의 사회적 학습경험 및 조직 내 학습경험이 많고 적음에 따라 변혁적 리더십의 효과가 다르게 나타남을 밝혔다. 따라서 호텔기업의 리더들은 이러한 부하의 학습경험의 정도에 따라 변혁적 리더십의 효과를 다르게 예측하여 적용해 나가야 할 것이다.

이러한 시사점에도 불구하고 본 연구는 다음 몇 가지의 한계를 지니고 있다.

첫째, 연구모형의 인과관계를 검증하기 위해서는 시간적 간격을 둔 종단적 연구가 실시되어야 하나 본 연구는 횡단적 수준에 머물러 있다. 따라서 향후 연구에서는 시간적 간격을 두고 그 변화를 측정하는 종단적 연구를 병행하여야 할 것이다.

둘째, 분석에 활용된 척도들은 객관적 측정도구보다는 응답자의 인지적 척도에 의해 측정되는 문제점을 극복하기 위해 타당성 및 신뢰성 분석을 실시하였다. 그러나 이것만으로 객관성을 확보할 수 없고 좀더 정교한 측정을 위해서는 인터뷰 조사의 강화 등 다양한 연구방법을 강구할 필요가 있다.

셋째, 종업원에 의해 지각된 리더십만을 측정하였으나 향후 연구에서는 리더 자신에 대한 지각 정도를 함께 측정하여 비교할 필요가 있다.

넷째, 연구대상을 제주지역의 호텔산업으로 국한하였기 때문에 다른 산업에 적용할 경우 실효성의 문제가 있을 수 있다. 따라서 다양한 산업을 대상으로 한 추가적인 연구를 하여야 보편성을 높일 수 있을 것이다.

이와 같은 한계를 극복하기 위해 다양한 표본과 반복적인 연구가 필요하며, 연구방법도 설문지법에 의한 방법을 보완할 수 있는 실험연구 등을 통해서 일반화의 가능성을 높여야 할 것이다.

참고문헌

1. 국내문헌

강병서, 「인과분석을 위한 연구방법론」, 무역경영사, 1999.

권상술, "상사의 변혁적 리더십과 거래적 리더십이 조직구성원의 태도 및 지각에 미치는 영향", 서강대학교 대학원 박사학위논문, 1996.

김남현·이주호, "조직의 문화유형, 최고경영자의 리더십 유형 및 행동성과에 관한 실증연구", 「인사·조직연구」, 제5권 1호, 한국인사·조직학회, 1997.

김범국·김희철, 「조직행위론」, 제주대학교 출판부, 1998.

김병식, "리더십 유형과 근로자의 임파워먼트, 몰입, 그리고 이직의도 간의 관계에 관한 연구", 경희대학교 대학원 박사학위논문, 1997.

김우택, "조직구성원의 역량 제고를 위한 임파워먼트 과정에 관한 연구", 서강대학교 대학원 박사학위논문, 1996.

김원수, 「신경영학원론」, 경문사, 1994.

박내희, 「현대 리더십론」, 법문사, 1996.

박원우, "Empowerment: 파워다툼에서 파워증대와 사고전환", 서울대 노사관계연구, 1992.

박원우, "임파워먼트: 개념정립 및 실천방법 모색", 경영학연구 제26권 제1호, 1997.

박원우, 「임파워먼트 실천매뉴얼」, 시그마컨설팅그룹, 1998.

박혜숙, "변환적 및 거래적 리더십의 유효성에 관한 연구", 숙명여자대학교 대학원 박사학위논문, 1994.

백기복, 「이슈리더십」, 창민사, 2000.

샘 로이드 & 티나 버쓰롯, 「셀프 임파워먼트」, 알파 경영혁신센타, 1998.

송병식·고성돈, "변혁적 리더십이 구성원의 임파원먼트와 조직유효성에 미치는 영향에 관한 실증적 연구", 「대한경영학회지」, 제23호, 대한경영학회, 2000.

신시아 스코트 & 데니스 자페, 「임파워먼트」, 알파 경영혁신센타, 1996.

신유근, 「인간존중의 경영」, 다산출판사, 1997.

신제구, "집단애피커시의 예측변인과 효과에 관한 연구", 국민대학교 박사학위 논문, 1998.

양창삼, 「조직이론」, 박영사, 1997

오점록, "리더십, 팔로우십의 특성과 자기 임파워먼트가 군조직의 유효성에 미치는 영향에 관한 연구", 경희대 대학원 박사학위논문, 1998.

유승동, "변혁적 리더십이 구성원의 임파워먼트와 창의성에 미치는 영향 관계", 「품질경영 학회지」, 제27권, 제2호, 1996.

이덕로, "변혁적·거래적 리더십이 부하의 추가노력, 직무만족 및 조직몰입에 미치는 영향", 「인사관리 연구」, 제18집, 1994.

이상호·이원우, "변형적 리더십이 동기부여 효과; 셀프에피커시 이론을 중심으로", 「인사관리연구」, 제19집, 한국인사관리학회, 1995.

이순묵, 「공변량구조분석」, 성원사, 1990.

이용택, "거래적·변혁적 리더십이 리더십 유효성에 미치는 영향에 관한 연구", 부산대학교 대학원 박사학위논문, 1996.

임준철, "변화 유도형 리더십이 임파워먼트에 미치는 영향력에 관한 연구", 97 한국인사관리학회 춘계 학술발표 대회, 한국인사관리학회, 1997.

임준철·윤정구, "부하에 의해 인지된 상사의 변혁적 및 거래적 리더십이 부하의 혁신성향에 미치는 영향: 자기권능감의 매개역할을 중심으로", 「인사·조직연구」, 제7권 제1호, 1999.

임창희, 「조직행동」, 학현사, 1999.

조선배, 「LISLEL 구조방정식 모델」, 영진출판사, 1996.

주디스 F. 보크트 & 케네스 L. 머렐, 「경영혁신 임파워먼트」, 김성구 역, 고려원, 1995.

채서일, 「사회과학 조사방법론」, 법문사, 1990.

최종태, 「현대조직론」, 경세원, 1997.

피터 드러커著·한근태 譯, 「21세기 리더의 선택」, 한국경제신문사, 2000.

2. 외국문헌

Ashour, A. S., "A Framework of a Cognitive－Behavioral Theory of Influence and Effectiveness", *Organizational Behavior and Human Performance, Vol.*30, 1982.

Avolio, B. J. and Gibbsons, T. C., Developing Transformational Leader: A Life Span Approach, In J. A., Conger, R. N., Kanungo, and Associates(eds.), *Charismatic Leadership*, San Francisco: Jossey－Bass, 1988.

Bandura, A., "Self－Efficacy: Toward a Unifying Theory of Behavioral Change", *Psychological Review,* Vol.84, 1977.

Bass, B. M., "Self－Efficacy Mechanism in Human Agency", *American Psychologist,* Vol.37, 1982.

Bass, B. M., *Leadership and Performance Beyond Expectation*: The Free Press, 1985.

Bss, B. M., "Leadership: Good, Better, Best", *Organizational Dynamics,* Winter 1985.

Bss, B. M., "From Transactional to Transformational Leadership: Learning to Share the Vision", *Organizational Dynamics*, Vol.18, Winter 1990.

Bass, B. M., *Handbook of Leadership*: *Theory, Research, & Managerial Applications*, 3rd ed., The Free Press, 1990.

Bass, B. M. and Yokochi, N., "Charisma among Senior Executive and the Special Cases of Japanese CEO's", *Consulting Psychology Bulletin,* Winter / Spring, 1991.

Becker, H. S., "Notes on the Concept of Commitment", *American Journal of Sociology,* Vol.66, 1960.

Bennis, W. G., "Leadership Theory and Administrative Behavior: The Problem of Authority", *Administrative Science Quarterly*, Vol.4, 1959.

Boren, R., "Don't Delegate－Empowerment", *Supervisory Management,* 1994.

Bowen, D. E. and Lawler, E. E., "The Empowerment of Service Works: What, How, and When", *Sloan Management Review,* Spring, Vol.33,

1992.

Burns. J. M., *Leadership*, Happer & Row, 1978.

Cameron, K., "Critical Question in Assessing Organizational Effectiveness", Organizational Dynamics, Vol.46, 1980.

Campbell, J. P., "The Cutting Edge of Leadership: An overview", In J. G., Hunt and Larson. L. L.(Eds.), Leadership: The Cutting Edge. Carbondale: Southern Illinois University Press, 1977.

Cherrington, D. J., *Organizational Behavior*, Allyn and Bacon, 1994.

Coeffy, R. E. and Cook. C. W., *Management and Organization Behavior*, Phillip Lo Hunsaker Austen Press, 1995.

Conger, J. A. and Kanungo, R. N., "Toward a Behavioral Theory of Charismatic Leadership in Organizational Settings", *Academy of Management Review*, Vol.12, No.4, 1987.

Bass, B. M., "The Empowerment Process: Integrating Theory and Practice", *Academy of Management Review*, Vol.13, 1988.

Drucker, P. F., *The Coming of the New Organization*, Harvard Business Review, 1988.

Eylon, D., "Empowerment: A Multi−Level process", Dissertation, The University of British Columbia, 1993.

Ferris, C. D. and Tudge, T. A., "Personnel Human Resource Management: A Political Influence Perspective", *Journal of Management,* Vol.7, 1991.

Ferris, K. R. and Aranya, N., "A Comparison of Two Organizational Commitment Scales", *Personnel Psychology,* Vol.36, 1983.

Fiedler, A. M., "The Effect of Vision Congruence on Employee Empowerment, Commitment, Satisfaction, and Performance", Dissertation, Florida International University, 1993.

Fulford, M. D. and Enz, C. A., "The Impact of Empowerment on Service employees", *Journal of Managerial Issues.* Vol.7, 1995.

Graen, G., Novak, M. A. and Sommerkamp. P., "The Effect of Leader− Member Exchange and Job Design on Productivity and Satisfaction, The Testing a Dual Attachment Model", *Organizational Behavior and*

Human Performance, Vol.30, 1982.

Greenberg, J. and Baron, R. A., *Behavior in Organization,* Simon & Schuster Inc. 1993.

Hair, J. F., Anderson, R. E., Tatham, R. L. and Grablowsky, B. J., *Multivariate Data Analysis*, Tulsa Petroleum, 1979.

Harvey, D. F. and Brown, D. R., *An Experiential Approach to Organization Development,* 5th ed., Englewood Cliffs, NJ: Prentice‒Hall, 1996.

Hater, J. J. and Bass, B. M., "Superiors' Evaluations and Subordinates' Perceptions of Transformational and Transactional Leadership", *Journal of Applied Psychology*, Vol.73, No.4, 1988.

Hellriegel, D. and Slocum, J. W., Jr., *Management*, 6th ed., Addison‒Wesley Publishing Company, 1992.

House, R. J. and Howard, A., "The Change Nature of Work: Leadership in The Twenty‒First Century" 1st, *The Joessey‒Bass Management Series*, 1995.

Howell, J. A. and Frost, P. J., "A Laboratory Study of Charismatic Leadership", *Organizational Behavior and Human Decision Process,* Vol.43, 1989.

Howell, J. P., Bowen, D. E., Dorfman. P. W., Kerr. S. and Podsakoff. P. M., "Substitutes for Leadership: Effective Alternatives to Ineffective Leadership", *Organizational Dynamics*, Summer 1990.

Howell, J. P., Dorfman, P. W. and Kerr, S., "Moderator Variable in Leadership Research", *Journal of Management Review*, Vol.11, 1986.

Hunt, D. M. and Michael, C., "A Career Training and Development Tool", *Academy of Management Review*, Vol.8, 1983.

Janda, K. F., "Towards the Explication of the Concept of Leadership in Terms of the concept of power", *Human Relations,* 1960.

John, M. R., "Transformational Leadership and its Role in Empowerment Productivity and Commitment To Quality", University of Illinois Chicago. Ph.D., 1995.

Kabanoff, B., "Equity, Equality, Power, and Conflict", *Academy of*

Management Review, Vol.16, 1991.

Kanter, R. M., "Commitment and Social Organization: A Study of Commitment Mechanisms in Utopian Communists", *American Sociological Review*, Vol.33, 1968.

Kaplan, E. and Cowen, E. L., "Interpersonal Helping Behavior of Industrial Foreman", *Journal of Applied Psychology*, Vol.66, 1981.

Karmel, B., "Leadership: A Challenge to Traditional Research Methods and Assumptions", *Academy of Management Review*, Vol.3, 1978.

Keller, T. and Dansereau, F., "Leadership and Empowerment: A Social Exchange Perspective", *Human Relations*, Vol.48, 1995.

Kerr, S. and Jermier, J. M., "Substitute for Leadership: Their Meaning and Measurement", *Organizational Behavior and Human Performance*, Vol.22, No.4, 1978.

Kinlaw, D. C., *The Practice of Empowerment*. Hampshire, England: Gower, 1995.

Kizilos, P., *Crazy about Empowerment?*. *Training*, December 1990.

Ko, jong-wook, Price, J. L. and Muller, C. W., "Assesment of Meyer and Allen's Three-component model of organizational commitment in south korea", *Journal of Applied Psychology*. Vol.82. No.6, 1997.

Kuhnert, K. W. and Lewis, P., "Transactional and Transformational Leadership: A Constructive / Developmental Analysis", *Academy of Management Review*, Vol.12, No.4, 1987.

Liden, R. C. and Arad, S., "A Power Perspective of Empowerment and Work Groups: Implications for Human Resources Management", *Research in Personnel and Human Resources Management*, Vol.14, 1996.

Liden, R. C. and Tewksbury, T. W., *Handbook of Human Resource Management*, Oxford: Blackwell Publishers, 1995.

Mathieu, J. E. and Zajac, D. M., "Review and Meta-Analysis of The Antecedents, Correlates, and Consequences of Organizational Commitment", *Psychological Bulletin*, Vol.108, No.2, 1990.

Meyer, J. P. and Allen, N. J., "The Measurement and Antecedents of

Affective, Continuance and Normative Commitment to the Organization", *Journal of Occupational Psychology,* Vol.63, 1990, p.4.

Bass, B. M., "A Three-Component Conceptualization of Organizational Commitment", *Human Resource Management Review,* Vol.1, No.1, 1991.

Mowday, R. T., Steers, R. M. and Porter. L. W., "The Measurement of Organizational Commitment", *Journal of Vocational Behavior,* Vol.14, 1979.

Nadler, D. A. and Tushman, M. L., "Beyond the Charismatic Leader: Leadership and Organizational Change", *California Management Review,* Vol.32, No.2, Winter 1990.

O'Reilly, C. A. and Chatman, J., "Organizational Commitment and Psychological Attachment: The Effects of Compliance, Identification, and Internalization on Prosocial Behavior", *Journal of Applied Psychological,* Vol.17, 1986.

Podsakoff, P. M., Todor, W. D. and Schuler, R. S., "Leader Expertise as a Moderator of the Effects of Instrumental and Supportive Leader Behaviors", *Journal of Management,* Vol.8, 1983.

Porter, L. W., Steers, R. M., Mowday, R. T. and Boulin, P. V., "Organizational Commitment, Job Satisfaction and Turnover among Psychiatric Technicians", *Journal of Applied Psychology,* Vol.59, 1974.

Shapiro, E. C., Haseltine, F. and Rowe, M. P., "Moving Up: Role Models, Mentors, and The Patron System", *Sloan Management Review,* Vol.19, No.3, 1978.

Spreitzer, G. M., "Psychological Empowerment in the Workplace: Dimension, Measurement, and Validation", *Academy of Management Journal,* Vol.38, 1995.

Bass, B. M., "Social Structural characteristics of Psychological Empowerment", *Academy of Management Journal,* Vol.39, 1996.

Summer, S. M., Bae, S. H. and Luthans, F., "Organizational Commitment Across Cultures: The Impact of Antecedents on Korean Employees",

Human Relations, Vol.49, No.7, 1996.

Susan, W. G., "Feelling of Empowerment in Relations to Leadership Approach / Transformational leadership, Transactional Leadership", Columbia University, Ph.D., 1992.

Thomas, K. W. and Velthouse, B. A., "Cognitive Elements of Empowerment: An Interpretive Model of Intrinsic Task Motivation", *Academy of Management Review*, Vol.15, No.4, 1990.

Tichy, J. and Devanna, M. A., *The Transformational Leader*, New York, John Willey & Sons, 1986.

Tichy, N. M. and Ulrich, D. O., "SMR Forum: The Challenge−A Call for the Transformational Leader", *Sloan Management Review*, Fall 1984, pp.63−64.

Tymon, W. G., "An Empirical Investigation of a Cognitive Model of Empowerment", Temle University, 1988.

Vogt, J. F. and Murrell, K. L., *Empowerment in Organizations: How to Speak Exceptional Performance,* San Diego, CA: Pfeiffer & Company, 1990.

Walton, R. E., "Quality of Working Life: What is it?" *Sloan Management Review*, Fall, 1973.

Wortman, M. S., "Strategic Management and Changing Leader−Followers Roles", *Journal of Applied Behavioral Science*, Vol.18, 1982.

Yukl, G. A., *Leadership in Organizations*, 2nd ed., Englewood Cliffs, NJ., Prentice−Hall, 1989.

Zaleznik, A., "A Managers and Leaders: Are They Different?", *Harvard Business Review*, Vol.55, No.5, 1977.

Zimmerman, M. A., "A Theory of Learned Hopefulness: A Structural Model Analysis of Participation and Empowerment", *Journal of Research in Personality*, 24, 1990.

· 저자 ·

고성돈

•약 력•

제주출생(1961)
제주제일고등학교 졸업(1980)
제주대학교 경상대학 경영학사(1987)
제주대학교 대학원 경영학석사(1991)
제주대학교 대학원 경영학박사(2001)
현재 제주일보 논설위원
현재 제주상공회의소 지역경제연구센터 연구위원
현재 제주하이테크산업진흥원 제주전략산업기획단 선임연구원

•주요논저•

「변혁적리더십이 구성원의 임파워먼트와 조직몰입에 미치는 영향에 관한 연구」,
  박사학위논문
「노사협의제의 운영실태와 활성화방안에 관한 연구」, 석사학위논문
「변혁적리더십이 구성원의 임파워먼트와 조직유효성에 미치는 영향에 관한
  실증적 연구」, 대한경영학회지 제23호, 2000
「리더십과 조직몰입, 임파워먼트간의 학습경험에 따른 조절효과」, 인사관리연
  구 제24집 제2권, 2001
「변혁적리더십과 임파워먼트간의 학습경험에 따른 조절효과」, 산경논집 제15권
  제1호, 2001
「리더십과 조직몰입 간의 학습경험에 조절효과」, 경상연구 제6권 제1호, 2001
「토지의 공용수용에 따른 손실보상제도의 개선방안에 관한 연구」, 법과정책
  제10호, 2004
「우리나라 부동산중개업의 발전방안에 관한 연구」, 경상연구 제9권 제1호, 2004
「우리나라 부동산컨설팅업의 발전방안에 관한 연구」, 경상연구 제10권 제1호, 2005
「제주지역 관광산업 등 4대 전략산업 육성을 위한 인적자원개발사업 추진방안」,
  광주지방노동청 용역사업, 2005
「제주특별자치도 의료관광 모델 개발 연구」, 제주하이테크산업진흥원, 2006
「해외기업 및 R&D 연구센터의 유치대상 선정에 대한 사례연구」, 산학혁신
  연구, 2008
「제주형 의료관광 육성전략 연구」, 제주하이테크산업진흥원, 2008 외 다수

리더십과 임파워먼트 연구

- 초판 인쇄   2008년 11월 20일
- 초판 발행   2008년 11월 20일

- 지 은 이   고성돈
- 펴 낸 이   채종준
- 펴 낸 곳   한국학술정보㈜
            경기도 파주시 교하읍 문발리 526-2
            파주출판문화정보산업단지
            전화 031) 908-3181(대표) · 팩스 031) 908-3189
            홈페이지 http://www.kstudy.com
            e-mail(출판사업부) publish@kstudy.com
- 등   록   제일산 115호(2000. 6. 19)
- 가   격   20,000

ISBN   978-89-534-5647-1 93320(Paper Book)
        978-89-534-6076-8 98320(e-Book)